Norbert Kostede

Berlin

Norbert Kostede

Berlin

Intellektuelles Profil einer Weltstadt

Essays und Skizzen

Metropolitan Transfer

Inhalt

Metropolitan Transfer

Vorwort

In der griechischen Antike galten Städte als Metropolen, wenn von ihnen aus Kolonien gegründet wurden. Heute geht es um metropolitane Lernprozesse, wie ein Überleben und wie gutes Leben auf unserem Stadtplaneten möglich ist.

Deutschland hat viele stolze, traditionsreiche Städte – aber nur eine, die den Titel „Weltstadt" tatsächlich verdient. Welche historischen Botschaften, welche wegweisenden Ideen hat Berlin der Welt zu bieten?

Ob als Berliner, Besucher oder Tourist: Wer sich diese Frage nicht stellt, der interessiert sich nicht wirklich für diese Stadt – und verpasst möglicherweise einen interessanten Blick in den Spiegel. Denn die Zeichen und Ereignisse, die uns diese Stadt bietet, Wichtiges über den Lauf der Welt zu erfahren, spiegeln sich in unser aller Leben.

Eigentlich sollte genau dies das zentrale Thema von Stadtführern sein. Aber so praktisch und nützlich sie auch sein mögen – Informationen über Touren und Museen, Architekturdaten,

Adressen, Stadtplan –, mich hat diese Lektüre meist gelangweilt oder geärgert. Denn das intellektuelle Profil einer Stadt lässt sich nicht in historischen Chroniken oder Beiträgen wie „Berühmte Persönlichkeiten der Stadt" begreifen.

Wen meine Versuche, markante Züge dieses Profils zu zeichnen, nicht überzeugen, der wird sich zumindest einer eigenen Antwort nähern können. Acht Essays und verschiedene Skizzen als Anreizprogramm, um mehr geht es in der ersten Ausgabe von *Metropolitan Transfer* nicht.

Die Texte, sie sollen aufklären *und* unterhalten, stehen jeweils für sich. Da aber die meisten von ihnen auf eine gemeinsame Grundlinie verweisen, die man als „Berliner Freiheitssinn" deuten könnte, habe ich diesem Thema einen eigenen Beitrag gewidmet: *Geisterbahn.*

Auch den abschließenden Text möchte ich hervorheben. Er wirft einen Blick in die Zukunft: *Visionen einer Weltstadt.* Ein solcher Titel muss verteidigt werden. Wie kann sich das neue Berlin im Wettstreit der großen Metropolen behaupten?

Norbert Kostede
Berlin, im März 2011

Das Paradoxon der Hässlichkeit

Jeder Berliner weiß es, und jeder Besucher Berlins kann es schon am ersten Tag erkennen: Diese Stadt ist ein Flickenteppich – historisch, architektonisch, gesellschaftlich. Reste des alten Preußen hier, Monumentales aus dem „Dritten Reich“ dort. Industriezeitalter neben Postmoderne. Bürgerliche Villen, prekäre Multi-Kulti-Viertel im Westen, stalinistischer Barock, Plattenbau im Osten. Schickeria im Zentrum, proletarische Betonburgen am Stadtrand. Und zwischendurch Brachen, verwitterte Brandmauern, letzte Einschläge von Maschinengewehrgarben. Sie verweisen uns auf markante

Brandenburger Tor 1945. Foto: fotalia

Ausgangspunkte dieses Musters: auf eine Ruinenwüste, auf eine geteilte Frontstadt im roten Meer.

Man kann diesen ersten, flüchtigen Blick auch als statistische Hypothese formulieren: Berlin dürfte im Vergleich mit anderen europäischen Hauptstädten und Metropolen nur selten als „schöner“ beurteilt werden.

Was soll´s, aus der analytischen Philosophie kennen wir das Paradoxon der Hässlichkeit und wissen, dass das Schaurig-Schöne besonders starke ästhetische Reize ausüben kann. Historische Brüche, architektonische Asymmetrien und scharf kontrastierende Bevölkerungsgruppen können unsere Aufmerksamkeit viel stärker auf sich ziehen als ein harmonisches, homogenes Ganzes. Berlin war immer schon „schräg“, „ewig unvollendet“, „chaotisch“, „gottlos“, „geil“, „arm aber sexy“ und so weiter – und gerade deshalb eine Reise oder ein Dableiben wert.

Darum versteht sich auch ohne systematische Begriffsanalyse: Wer das Hässliche überwinden will, muss das Schräge erhalten.

Friedrich Zwo im Glück

Zum Paradigma vom großen Mann

Im Jahr 2012 werden wir Deutschen den 300. Geburtstag unseres Lieblingskönigs begehen. Ein besonderes Thema, so hat man uns bereits verraten, könnte es zum Leitmotiv dieses Ereignisses bringen: „Ohne Friedrich II. keine Wiedervereinigung!“ Denn, so erläuterte es ein prominenter und an der Vorbereitung dieses Ereignisses beteiligter Historiograph, wenn Preußen keine Großmacht geworden wäre, hätte es 1871 keine Deutsche Reichsgründung, damit auch keine deutsche Teilung und Wiedervereinigung geben können.

Hätte, wäre, wenn. Machen große Männer auch noch nach dreihundert Jahren Geschichte?

Eines ist sicher: Das wird eine bizarre Geburtstagsfeier werden. Zu Beginn, Unter den Linden, marschieren Soldaten der Bundeswehr zu Piefkes „Preußens Gloria“. Es handelt sich amtsdeutsch um das WachBtl BMVg. Den preußischen Stechschritt hat man den Kerls leider verboten.

Gleichzeitig und in Sichtweite wird eine bunte Schwulen- und Lesbenparade stattfinden. Hier ist der Stechschritt erlaubt (und auch reizvoller), er wird zu der bekannten Berlin-Hymne „Und das ist auch gut so!" vorgeführt. Da die Geschichtswissenschaft bis heute darüber streitet, ob Friedrich II. asexuell oder homosexuell war oder es auch einmal mit seiner später abgeschobenen Gattin versucht hat, dürfen an dieser alternativen Parade auch A-, Bi- und Heterosexuelle teilnehmen.

Später, im Berliner Dom, unter Beisein ihres Friseurs, wird die politische und gesellschaftliche Elite das Luther-Lied „Ein feste Burg ist unser Gott" anstimmen. Das Lied wurde damals von Friedrichs Truppen mit Inbrunst insbesondere dann gesungen, wenn sie einer verheerenden Niederlage so eben entgangen waren – was bei ihnen fast die Regel war.

Reiterstandbild Friedrich II. Foto: fotalia

Parallel zu diesem Gottesdienst tagt der Atheistische Weltkongress. Immer neue Passagen aus Friedrichs Gesammelten Schriften wird man zitieren und frenetisch bejubeln. Zum Beispiel jene Stelle, wo Friedrich II. das Christentum der Bibel als einen alten metaphysischen Roman bezeichnet: „Enthusiasten haben ihn gepredigt, Ehrgeizige haben vorgegeben, davon überzeugt zu sein, Dumme haben ihn geglaubt.“ Was sind schon Feuerbachs oder Nietzsches verstiegene Ableitungen und vorschnelle Todesanzeigen gegen die Klarheit solcher Worte?!

Friedrich selbst wird übrigens seinem 300. Geburtstag fernbleiben. Immer schon verabscheute er Berlin, verachtete die jubelnde Masse, und das Deutsche war diesem frankophilen Rokoko-Menschen ohnehin zuwider.

*

Als Aufklärer und Prediger der Toleranz, als von Kant und Hegel verehrter erster Diener seines Staates, als von Goethe und Schiller geliebter Fürst, als von Marx und Engels geschätzter Förderer gesellschaftlichen Fortschritts müsste Friedrich II. eigentlich eine Lichtgestalt der deutschen Linken sein. Es kam anders.

Militarismus und Expansionismus, Junkernherrschaft und Frondienste, Obrigkeitsdenken und Untertanengeist: Auch dieses Preußen Friedrichs des Großen gab es, und es wurde als Glied einer Kette interpretiert, die dann im 20. Jahrhundert in zwei verheerenden Weltkriegen, in Führerkult und Nationalsozialismus enden sollte. Es wäre eine Überraschung, wenn zu seinem 300. Geburtstag nicht auch der preußenkritische Gedanke „Mit Friedrich II. zum Holocaust" öffentlich durchgespielt werden wird.

Weit würde man damit jedoch nicht kommen. Zwar sind seine antijüdischen Vorurteile belegt. Wo sein Vater von „Heuschrecken" rabulierte, fabulierte Friedrich II. in seinen beiden Testamenten über das Judentum als einer gefährlichen Sekte, deren Dienste der Staat besser nicht nutzen soll. An diesen Vorsatz gehalten hat er sich freilich nicht. Seine Itzigs und Ephraims beförderten die preußischen Finanzgeschäfte, und die große Mehrheit der Juden hatte unter den zu jener Zeit üblichen Diskriminierungen zu leiden, auch wenn ihre Berliner Gemeinde nicht im Ghetto leben musste. Kurzum: In puncto Antisemitismus war Friedrichs Preußen europäischer

Durchschnitt – für eine Kausalkette in Richtung Auschwitz ungeeignet.

Gilt dies nicht nur für Friedrichs, sondern für die preußische Geschichte im Ganzen? Eine Geschichte, die angesichts neuartiger politischer Konstellationen und sozialer Fragen irgendwann im 19. Jahrhundert ausläuft, wobei die einschlägigen Daten im historischen Bewusstsein des deutschen Bildungsbürgertums – 1871 Gründung des Deutschen Reiches und Kaiserproklamation im Spiegelsaal von Versailles, 1918 Abdankung Wilhelm II. nach dem verlorenen Ersten Weltkrieg – nur sehr oberflächliche Anhaltspunkte abgeben. Das Gesetz zur Auflösung des preußischen (Teil-) Staates, angeordnet von den alliierten Besatzungsbehörden im Jahr 1947, war ohnehin nur noch ein symbolischer Akt.

Sicherlich reichen Mentalitätsstrukturen und antirepublikanische Bastionen Preußens weit ins 20. Jahrhundert hinein. Die Rolle preußischer Junker, Industrieller und Militärs beim Aufstieg Hitlers ist nicht zu übersehen. Wer jedoch die Raserei der Nazis und den Weg in die Gaskammern erklären will, muss verschiedenartige Ursachen bedenken. Der muss über den *deutschen* Nationalismus des 19. Jahrhunderts nachdenken, über dessen *ethnischen, rassistischen* Reduktionismus als Reaktion auf die politische Gleichstellung der deutschen Juden; der muss den Aufstieg der *Political Machines* (disziplinierte Parteiorganisationen), der muss das *totalitäre* Indoktrinations- und Kontrollinstrumentarium des 20. Jahrhunderts und sein industriell gesteigertes Vernichtungspotential studieren – bevor er sich darüber hinaus als kritischer Preußen-Historiker versuchen kann.

*

Friedrich, er wurde schon zu Lebzeiten „der Große“ genannt, ist auch soziologisch gesehen eine interessante Figur. Er lebte in einer Gesellschaft, die primär hierarchisch aufgebaut war und in der das bekannte Paradigma „Große Männer machen Geschichte“ noch plausibel klang.

Zwar differenzieren sich im „aufgeklärten“ Absolutismus die großen Funktionssysteme Staat, Wirtschaft, Medien oder Bildung immer deutlicher heraus. Beamtenapparat, Unternehmer, Verlage und Bildungseinrichtungen gewinnen gegenüber den Adels-, Fürsten- und Königshäusern allmählich an Autonomie. Aber Friedrich II. ist im Vergleich zu den eher „genießenden“ Regenten seiner Zeit ein sprichwörtlich „fleißiger Preuße“ – und ein Merkantilist, der sich in alles glaubt einmischen zu müssen.

Vor allem, und das ist in diesem Zusammenhang entscheidend, ist Friedrich sein eigener Außenminister und sein eigener oberster Feldherr. Beides zusammen genommen bildet einen Kreis von Aufgaben, der bereits zu seiner Zeit nicht ohne (im strengen Sinne des Begriffs:) wissenschaftliche Kompetenz bewältigt werden konnte. Viele seiner politischen Schriften hätten als Doktorarbeit durchgehen können.

Als sich Friedrich II. im Dezember 1740 über alle seine diplomatischen und militärischen Berater hinweg setzte, als er eine im europäischen Machtspiel günstige Situation nutzte und mit seiner Armee erfolgreich ins habsburgische Schlesien einrückte, wusste er genau, was er tat. Um einen Schutzschirm des norddeutschen Protestantismus gegenüber dem katholischen Kaiserhaus in Wien ging es diesem Gottseibeiuns so wenig wie um die Vision einer politisch geeinten deutschen Nation. Weder das in allen Königs- und Fürstenhäusern grassierende Expansionsfieber noch das von ihm ausgerufene „Rendezvous mit dem Ruhm“ vernebelten seine Sicht auf das Ziel.

Auch im spätabsolutistischen 18. Jahrhundert bedurften Kriege einer gewissen Legitimation; zumindest musste sich Friedrich der Unterstützung des tonangebenden Landadels und Patriziats der brandenburgischen Städte sicher sein. Es ging ihm und ihnen um ein Preußen, das seit dem 30jährigen Krieg meist Schlachtfeld und Spielball anderer Mächte war. Friedrich II. hatte ein zwischen Königsberg im Osten und Kleve im Westen territorial zerstückeltes, ein religiös, ethnisch und kulturell bunt zusammengewürfeltes Dominium so zu erweitern und zu konsolidieren, dass es gegenüber den Großmächten seiner Zeit, vor allem gegenüber Österreich, Frankreich und Russland, auf Dauer Stand halten konnte.

Gewiss handelte es sich um keinen „Befreiungskrieg", aber neben aller Ruhmsucht und Expansionslust ging es in erster Linie um einen Kampf um Bedingungen, die Souveränität Preußens für Jahrzehnte zu sichern – und darin eingeschlossen, was im Rahmen dieser Essays hervorzuheben ist, die metropolitane Entwicklung Berlins. Auch die Eigenständigkeit und wachsende Bedeutung des Geisteslebens dieser Stadt ist ohne diese Konsolidierung nicht zu begreifen.

Dass er dieses Ziel trotz übermächtiger Gegner in jahrelangen Kriegen und gottserbärmlichen Schlachten tatsächlich erreichte, dies und nur dies begründete Friedrichs „historische Größe". Selbst sein beachtliches innenpolitisches Reformwerk diente letztlich diesem Ziel.

*

Historische Größe heißt noch lange nicht: Große Männer machen Geschichte. Im Grunde hat Friedrich II. dieses Paradigma selber dementiert.

Nach seinen erfolgreichen Schlachten bei Roßbach und bei Leuthen urteilt er: „Glück von Anfang an." Nach Kunersdorf, wo er die schlimmste seiner vielen Niederlagen erleidet, spricht alle Welt von einem „Mirakel", denn die österreichischen und russischen Truppen wenden sich unerwartet ab, statt Friedrich und dem Haus Hohenzollern endgültig den Garaus zu machen.

Zu guter Letzt muss ihm ausgerechnet auch noch Gott helfen. Der holt die russische Zarin Elisabeth zu sich, was die gegnerische Koalition auseinander brechen lässt und den Weg zu einem Friedensschluss eröffnet, der Preußen tatsächlich stärker und für Jahrzehnte sattelfester macht.

Statt Friedrich der Große könnte es also auch „Friedrich im Glück" heißen. (Was allerdings, psychologisch gesehen, quer zur Misanthropie seiner späten Jahre stehen würde.) Jedenfalls ist ein auf Willenskraft und Durchsetzungsvermögen gegründetes Paradigma wie „Große Männer machen Geschichte" nur schwer mit glücklichen, wundersamen Fügungen dieses Ausmaßes zu vereinbaren.

Im Vergleich zu den großen Politikern und großen Politikerinnen unserer Tage, die sich zu seinem 300. Geburtstag einfinden werden, verdient Friedrich der Große das Attribut allerdings zurecht. Denn diese dürfen in der funktional ausdifferenzierten Weltgesellschaft von heute schon froh sein, wenn sie mit ihren Handlungen das Optimum erreichen und, wie es so schön heißt, „Impulse geben", die nicht am Eigensinn autonomer Massenmedien, die nicht an den Eigengesetzlichkeiten bürokratischer, wissenschaftlich-technologischer oder kapitalistischer Entwicklungen scheitern.

Fridericus Rex, ein Großer, kein Zweifel, aber mit der schlimmsten wie schönsten Stunde der Deutschen hat er nichts zu tun. Dafür waren andere verantwortlich, Verbrecher und Freiheitsfechter, die sich dennoch in einem gleichen: Entschlossene Minderheiten, denen die Mehrheit in der entscheidenden Stunde jubelnd oder schweigend folgt.

Zugegeben, immer noch ein schlichtes Bild davon, wer Geschichte macht, aber schon weitaus realistischer als das Paradigma vom großen Mann.

Viktoria auf der Siegessäule. Foto: fotalia

Abnehmende Erinnerungslust

Erbauer von Siegessäulen sollten sich darüber im Klaren sein, dass es eine der Ebbinghausschen

Vergessenskurve vergleichbare Vergessenskurve für Denkmale gibt. Jene veranschaulicht die im Monatsverlauf abnehmende Erinnerungsleistung eines Individuums, diese die von Generation zu Generation abnehmende Erinnerungslust von Gesellschaften.

Der Denkanstoß, den die preußischen Erbauer und nationalsozialistischen Aufstocker der Berliner Siegessäule geben wollten, geht ins Leere. Deutsche Überlegenheitsidentität – ha! Nur vereinzelte Verrückte nehmen die Botschaft der Säule noch ernst und planen alle paar Jahre einen Sprengstoffanschlag.

Wir Friedfertigen hingegen laufen oder fahren täglich zu Tausenden achtlos um die Säule herum. Einige schauen zur goldenen Viktoria hinauf und fragen sich, ob der neue Film von Wim Wenders schon läuft. Andere seufzen und erinnern sich voller Wehmut an die hüpfenden Brüste der Loveparade. Touristen aus Frankreich, Dänemark oder Österreich zücken begeistert ihre Sonys und Canons, wenn die Göttin im Sonnenlicht erstrahlt – und glücklich über ihre Ahnen hinweg schreitet. Ein Sieg der befreiten Ästhetik.

Geschichtszeichenillusion

1989 – Die missverstandenen Mauertänzer

Zwischen ein und zwei Uhr in der Nacht vom 9. auf dem 10. November 1989: Menschenschatten ziehen durchs Brandenburger Tor. Couragiert ersteigen sie die Mauer. Oben angelangt, sehen wir ihre Gesichter im Blitzlichtgewitter. Wo früher Todesschüsse fielen, wird nun gejubelt und getanzt, und der globalen Mediengesellschaft brennen sich diese Bilder ins Gedächtnis. Sieg der Demokratie, Ende des Kalten Krieges.

In unzähligen Kommentaren und Büchern wird diese Szene als „Geschichtszeichen“ inter-

Brandenburger Tor November 1989.
Foto: BPA/Lehnartz

pretiert. Belesene Autoren verweisen uns auf den Ursprung dieses Begriffs im Deutschen Idealismus: Es handle sich – vergleichbar der Französischen Revolution von 1789 – um ein Zeichen, dass der Weltgeschichte eine Tendenz innewohnt, die als Fortschritt der Freiheit verstanden werden könne.

Da es mit den Menschen- und Bürgerrechten vor zweihundert Jahren nicht gerade zum Besten stand, formulierten Kant und Hegel diese Tendenz zwar zuweilen etwas vorsichtiger, etwa als „Fortschritt im *Bewusstsein* der Freiheit". Dass eine solche Entwicklung unausweichlich war, davon jedoch waren beide überzeugt.

Ein halbes Jahr *vor* dem Fall der Berliner Mauer war noch ein ganz anderes „Geschichtszeichen" im Fokus der Medien. Peking am 4. Juni 1989: Massaker auf dem Platz des Himmlischen Friedens. In dessen Folge kamen dreitausend Menschen ums Leben. Offensichtlich handelt es sich bei „geschichtlichen Tendenzen" um recht launenhafte, widersprüchliche Genossen. In China jedenfalls ist der Fortschritt der Freiheit noch bis heute weitgehend aufs *Bewusstsein* beschränkt.

Nicht weniger gespenstisch ging es zwölf Jahre *nach* dem Fall der Berliner Mauer zu. Zwei Flugzeuge stürzten ins New Yorker World Trade Center, und wiederum blickte die ganze Welt auf ein „Geschichtszeichen", das jede idealistische Geschichtsinterpretation zu dementieren schien. Die Verheißung „Brandenburger Tor 1989" erblasste unter dem Menetekel „9/11". Islamistischer Terror und postwendende Anti-Terror-Maßnahmen provozierten Freiheitsverluste und neue kriegerische Auseinandersetzungen.

Ist die Vorstellung einer auf Freiheit zielenden Grundtendenz der Geschichte nur ein Trugbild? Und wenn es kein Blick in die Zukunft ist, was sagt uns das Bild der Mauertänzer vor dem Brandenburger Tor dann?

*

Die Idee der Freiheit hat viele Quellen: Nordische Mythologie, antike Philosophie, das Christentum und andere religiöse Eschatologien, die konfuzianische Ordnungslehre, das mittelalterliche Stadt- und Marktrecht – um nur einige wichtige zu nennen. Was jedoch die Interpretation der Weltgeschichte als einen auf das Endziel Freiheit hinarbeitenden Prozess angeht, so musste die Menschheit über Jahrtausende ohne diese spekulativ-erhabene Idee des Deutschen Idealismus auskommen.

Seit ihren Ursprüngen in der antiken Polis begriff zum Beispiel die politische Philosophie des Abendlandes den Wandel von Herrschaftsformen und Verfassungen nicht als Fortschritt in Richtung auf ein bestimmtes Ziel, sondern in der Figur eines Zyklus. Ihr schien es ein ehernes Gesetz zu sein, dass die drei Stationen dieses Zyklus – Geschlechterherrschaft, Volksherrschaft und Monarchie – stets aufs Neue durchlaufen werden. Erst mit der bürgerlichen Revolutionsepoche wurde die Theorie des Herrschaftszyklus und wurden die ihr verwandten Utopien idealer Mischverfassungen verabschiedet. Erst mit Kant, Tocqueville und anderen wird die politische Entwicklung auch vom großen Publikum auf ein letztes Ziel hin gedeutet: auf die Republik, auf die repräsentative Demokratie, auf die sozialistische Volksdemokratie, auf die Referenden-Demokratie, auf die Cyber Democracy – je nach Zeitenlauf und politischem Standort.

Freiheitliches Fortschrittsbewusstsein, das ganze Nationen übergreifen, das unterschiedliche Kulturen und die Weltgesellschaft im Ganzen prägen kann, ist ein Merkmal der Neuzeit. Dass dieses Bewusstsein harte Fakten schuf, steht außer Frage. Betrachten wir allein das „Zeitalter der Extreme“ (Eric Hobsbawm), das 20. Jahrhundert: Trotz unzähliger Diktaturen, trotz Faschismus und Stalinismus, nahm die Zahl der Demokratien deutlich zu. Die amerikanische Organisation Freedom House zum Beispiel, die unter den souveränen Staaten im Jahr 1900 noch keine Demokratie ausmachen kann, die auch das Kriterium „passives Wahlrecht für Frauen“ erfüllt, kommt für das Jahr 1950 bereits auf 22 Demokratien und für das Jahr 1999 auf 85 Demokratien. In die letzte Erhebung fallen vor allem Demokratisierungsprozesse in Asien, Lateinamerika und Osteuropa. Und wenn die heutigen Freiheitsbewegungen in der arabischen Welt erfolgreich enden, stehen die Chancen nicht schlecht, dass wir bald neuen Nachwuchs bekommen.

Sieht man von einem wahhabitischen Sonderfall ab, so berufen sich mittlerweile alle Staaten dieser Welt in ihren Verfassungen auf Begriffe wie Demokratie oder Volkssouveränität. Selbst wenn es sich in Wirklichkeit um theokratische Systeme, um Einparteien-Diktaturen, um Marionetten- oder Militärregime handelt: Weil sie um die Macht des freiheitlichen Fortschrittsbewusstseins wissen, verkleiden sich alle im gleichen Kostüm – und provozieren damit immer wieder, beim Wort genommen zu werden.

Dieses Bewusstsein wirkt nicht zuletzt im System der Global Governance, wie wir es heute kennen. Sicherlich, weder die Vereinten Nationen noch die Europäische Union sind Demokratien im nationalstaatlichen Sinne – und sie werden es nie sein. Aber auch in ihren Gründungsdokumenten und Verfassungen (UN-Charta, Römische Verträge, Lissabonner Vertrag) sind Menschenrechte und Grundfreiheiten festgeschrieben, die als Hebel gegen Zwangs- und Gewaltverhältnisse genutzt werden können.

Nun, dieser Siegeszug der politischen Demokratie im vergangenen 20. Jahrhundert ist selbstverständlich mehr als nur ein Produkt von Aufklärung und Bewusstseinswandel. Alle größeren sozial- und politikwissenschaftlichen Schulen haben sich ausgelassen über die inneren Zusammenhänge von „Kapitalismus und Demokratie". Mal interpretierten sie die politische Freiheit und Gleichheit des Citoyen als Abstraktionen des freien und gleichen Tauschverkehrs von Waren, die Erfolge der politischen Liberalisierung als Funktionsbedingung der Marktwirtschaft, oder sie begriffen die individuelle Freiheit als strukturelle Voraussetzung für den Aufschwung der modernen Wissensgesellschaft.

Solche Zusammenhänge zwischen Politik und Ökonomie prägen bereits die Freiheitskämpfe selber und markieren die Differenz zwischen einer „idealistischen" und „realistischen" Interpretation dieser Vorgänge. Wie die Amerikanische Revolution als Aufstand gegen ungerechte Steuern begann, „Tea Party", so ist die gesellschaftliche Breite der Französischen Revolution nicht ohne die Parolen Égalité und Fraternité zu begreifen. Wie der Sturz kommunistischer Regime von der Hoffnung genährt wurde, die Fesseln der ökonomischen Modernisierung abzustreifen, so kann die jüngsten arabischen Freiheitswellen nicht verstehen, wer von der extremen Armut und wirtschaftlichen Perspektivlosigkeit in diesen Ländern absieht.

Die ungezählten und nicht selten jahrzehntelangen Rückschläge im 20. Jahrhundert verdeutlichen allerdings ebenso wie das immer noch aktuelle chinesische Beispiel: Kapitalismus und Marktwirtschaft funktionieren auch ohne Demokratie, es ging auch ohne politische Liberalisierung und Freiheit des Individuums. Kein Struktur- und Funktionszusammenhang hat uns je die Freiheit geschenkt – und allzu häufig heißt es in der Geschichte: „Für die Freiheit sterben“. (J.M. McPherson)

*

Zurück zum Ereignis „Brandenburger Tor 1989“. Wir sehen, seit der Französischen Revolution hat sich in puncto „Geschichtszeichen“ einiges getan. Als Bestätigung einer „Grundtendenz Freiheit“ kommt dieses Ereignis deutlich zu spät daher und wird, was die Zukunft angeht, genauso deutlich von konträren Geschichtszeichen eingerahmt.

Noch unpassender für eine Interpretation dieses Ereignisses war die Formel „Ende der Geschichte“. Bekanntlich deutete Francis Fukuyama den Zusammenbruch des Kommunismus und der Ost-West-Spaltung in diesem Sinne: Endpunkt der ideologischen Evolution, Überlegenheit des Kapitalismus und Universalisierung der westlich-liberalen Demokratie. Der Schock „9/11“ hat auch diese Interpretation kalt gestellt. Schnell zeigte sich, das Ende des Kalten Krieges markiert weder das Ende globaler, ideologisch aufgeladener Konflikte noch das große Finale für autoritäre Regime. Was dann nochmals durch die Niederschlagung der „Grünen Revolution“ (Teheran, Juli 2009) unterstrichen wurde.

Hand aufs Herz: Wer von uns würde sein ganzes Vermögen auf die Prognose verwetten, dass die „freiheitlich-demokratische Grundtendenz der Weltgeschichte“ uns das ganze 21. Jahrhundert treu bleiben wird?

Die bedrohlichen Elemente der *Gegenwart*, die uns an dieser Prognose zweifeln lassen, sind mit folgenden Stichworten ja nur zu einer Hälfte beschrieben: Globale Medien, globale Finanzakteure und Sicherheitsapparate, die jenseits demokratischer Kontrolle handeln; religiöse Fanatiker im Islam und islamophobe Populisten im Westen, die sich wechselseitig aufschaukeln; ökologische Dramen globalen Ausmaßes und sich zuspitzende Kämpfe um begrenzte natürliche Ressourcen; Pauperismus und Hungertod in der Vierten Welt; mafiotische und korrupte Strukturen, die sich über ganze Weltregionen ausbreiten; Bürokratisierung, Intransparenz und Parteienüberdruss selbst in gefestigten Demokratien.

Die andere und weitaus gefährlichere Hälfte dieser Szenerie ist mittlerweise die Art und Weise, wie sie selber kaschiert und verleugnet wird:

Sei es als billige Polemik gegen „Kulturpessimisten“, „Endzeitpropheten“ und „Liebhaber der Apokalypse“; sei es als Typus wissenschaftlicher Forschung, der sich mit dem Aufdecken innerer Widersprüche komplexer Prognosen zufrieden gibt; sei es als Alltagszynismus oder Verdrängungspotential der Spaßgesellschaft; sei es als Berufsoptimismus der Politik – „alles nur halb so schlimm“.

Paradox aber wahr: Nach rund zweihundert Jahren politischer Demokratisierung blicken wir am Anfang des 21. Jahrhunderts mit den gleichen Ambivalenzen, hoffnungsvoll und verunsichert zugleich, auf den „Fortschritt im Bewusstsein der Freiheit“ wie in den spätabsolutistischen Zeiten eines Kant oder Hegel. So ist das Einzige, was uns das Bild der Mauertänzer vor dem Brandenburger Tor sagen kann: Verlass Dich nicht auf welthistorische Tendenzen, Freiheit verlangt Mut.

Holocaust-Mahnmal. Foto: bigstock

Christlich-Jüdisches

Diskriminiert und verfolgt, erschlagen oder verbrannt wurden die Juden seit Jahrhunderten im ganzen christlichen Europa. Allein die Shoah ist ein deutsches Werk, von Berlin aus in Gang gesetzt, bürokratisch, industriell, so perfekt wie die Betonstelen und die verschämte Botschaft dieses Mahnmals: „Wir haben begriffen!"

Wirklich begriffen? Ausgerechnet eine christliche Kanzlerin sprach von der „prägenden Kraft der christlich-jüdischen Tradition in Deutschland", die über Jahrhunderte zurückreiche. Ungezogene Kinder der Überlebenden von Auschwitz warfen ihr darauf hin „posttraumatische Geschichtsvergessenheit" vor und solidarisierten sich mit den Anhängern des Korans in Deutschland, den ausgeschlossenen Dritten in dieser Kanzlerverkündung. Die juvenile Argumentationsfigur ist bekannt: Keine Inklusion ohne Exklusion, ohne Exklusion kein Auschwitz.

Halt, schließlich gibt es ja auch so etwas wie Selbstexklusion. Man muss sich nicht auf das Niveau Berliner Spezialisten für anatolische Intelligenzquotienten begeben, um zu erkennen, dass Teile der islamischen Minderheit hierzulande die Gleichstellung der Geschlechter, die Freiheit der Kunst, die Meinungs- und Religionsfreiheit nur deshalb tolerieren, weil und so lange ihnen nichts anderes übrig bleibt.

Ähnliches oder Gleiches lässt sich übrigens auch von Teilen anderer Minderheiten sagen, etwa von Teilen der christlichen Minderheit, die weit über scientologische Sekten und evangelikale Erweckungsbewegungen hinaus reichen; oder von Teilen der nichtreligiösen Minderheit, die weit über unbelehrbare Stasi-Offiziere oder Neonazi-Gruppierungen hinaus reichen; oder aber von Teilen einer islamkritischen Minderheit, die den „Vätern kleiner Kopftuchmädchen" nicht allein die Anerkennung in toto entziehen (entwürdigend genug), sondern sie – ungeachtet erworbener Bürgerrechte – am liebsten nach Anatolien zurück expedieren würden.

Hier wie dort können wir uns nicht auf christlich-jüdische oder andere zusammengereimte Traditionen, sondern allein auf die prägende Kraft in Justitias rechter Hand verlassen. Wo deren Drohung versagt, werden die nächsten Mahnmale fällig.

Mixed Democracy

Musealisierung des Parlamentarismus

Seit 1999 haben mehr als fünfzehn Millionen Menschen den neuen, umgebauten Reichstag besucht. Vor allem Sir Norman Fosters gläserne Kuppel hat sich zu einer touristischen Hauptattraktion entwickelt: In der Innenseite des achthundert Tonnen schweren Bauwerks aus Stahl und Glas steigen die Besucher auf zwei spiralförmig angelegten Wegen hoch zur Aussichtsplattform und wieder hinab – oben der Blick über das alte und neue Berlin, unten der Blick durch eine gläserne Zwischendecke hinab in den Plenarsaal des Deutschen Bundestages. Eine Perspektive, die der Architekt mit den Worten beschreibt: „Der Souverän erhebt sich über das Parlament." Ob er wirklich weiß, wie recht er damit hat?

Wenn Touristen mit ihren Füßen abstimmen, dann die Medien mit ihren Bildmotiven: Weder die alte, im Stil der Neorenaissance gehaltene Fassade des Reichstags noch die modernistisch-pompöse Repräsentationsarchitektur des Kanzleramtes, sondern Fosters gläserne Kuppel hat sich als zentrales Symbol des deutschen Regierungssy-

Reichstagskuppel. Foto: bigstock

stems durchgesetzt: Verliest der Nachrichtensprecher im Fernsehen, was „Berlin“ in dieser oder jener Angelegenheit entschieden hat, erscheint im Hintergrund meist Fosters Kuppel.

Angesichts der telegenen Stärke dieses neuen Symbols verblassen selbst die „historischen Bilder“ des Reichtags. 1918: Scheidemann ruft vom

Balkon am Westportal die Republik aus. 1933: Reichstagsbrand im Hitler-Deutschland. 1945: Zwei Soldaten hissen die Rote Fahne auf dem Dach des Reichstags. 1990: Feuerwerksfeier zur Wiedervereinigung vor der Reichstagskulisse.

Und unvergesslich 1995: Das Bild vom „Verhüllten Reichstag". Wie danach Sir Fosters Kuppel, die das Volk auf seine Repräsentanten herabsehen lässt, so hatte auch dieser künstlerisch-verspielte Umgang Christos und Jeanne-Claudes mit der einschüchternden Protzarchitektur des 19. Jahrhunderts etwas offen gelegt, das man als Zurschaustellung, als Musealisierung des Parlamentarismus bezeichnen könnte.

Parlamentarismus ade?

*

Kaum hatten Amerikaner, Briten und Franzosen ihre demokratische „Re-Education" im nachfaschistischen Deutschland abgeschlossen, beherrschten zwei Schlagworte die architekturtheoretische Diskussion über neue Parlaments- und Regierungsbauten: Offenheit und Transparenz. „Demokratie muss das Unsichtbare sehen lassen", verlangte Adolf Arndt, Wortführer des Demokratischen Bauens in der ersten Politikergeneration der Nachkriegszeit, und so sollte es geschehen.

Eine Linie des transparenten Bauens lässt sich von der 1949 zum Parlamentsgebäude umgebauten Pädagogischen Akademie in Bonn bis hin zum 2003 abgeschlossenen „Band des Bundes" in Berlin ziehen. Um nur die markantesten Zwischenstationen auf dieser Traditionslinie zu nennen: der Bonner Kanzlerbungalow von 1964, der Lange Eugen von 1969, Günter Behnischs Plenarsaal von 1992, der umgebaute und 1999 wiedereröffnete Reichstag.

Aber nicht allein auf Bundesebene, auch auf Länderebene fehlten die Leitsätze des Demokratischen Bauens in keiner Projektbeschreibung und in keinem Entwurf von Parlaments- und Regierungsgebäuden: offene Zugänge schaffen, parlamentarische Öffentlichkeit transparent machen, Bürgernähe herstellen, Diskussions- und Kommunikationskultur ermöglichen – und so weiter und so fort.

Die frühen Vertreter des Demokratischen Bauens wollten die Differenz zur preußisch-wilhelminischen und nationalsozialistischen Vergangenheit sowie zur ihrer damaligen ostdeutschen Gegenwelt (Bauten nach dem Muster der

Berliner Stalinallee) deutlich machen, doch ihre Begriffe und Leitsätze fielen mit der Zeit unter Ideologieverdacht.

Architekten kritisierten das Floskelhafte dieses Konzepts oder stellten es ganz in Abrede: „Eine demokratische Architektur kann es genauso wenig geben wie eine demokratische Suppe." (V.M. Lampugnani) Oder sie verwiesen auf die allgemeine Glasbaumoderne, die mit dem Kristallpalast der Londoner Weltausstellung von 1851 einsetzte und seitdem in unterschiedlichen Varianten nicht allein den Bereich politischer Bauten prägt.

*

Das Lager der Politikwissenschaftler ist gespalten. Die einen begrüßen die gläserne Transparenzarchitektur, sie mache den Parlamentarismus sinnlich erfahrbar und stabilisiere die Demokratie. Andere kritisieren sie als Teil einer politischen Inszenierung, die von den wirklichen Entscheidungsprozessen außerhalb der Parlamente nur ablenke.

Ob sechzig Jahre Demokratisches Bauen (oder die in puncto Öffentlichkeit und Transparenz weit wirksamere Fernsehpräsenz des Parlaments) stabilisierend gewirkt haben, lässt sich schon angesichts des Lagers der Nichtwähler in Deutschland bezweifeln, das in den vergangenen Jahrzehnten angewachsen ist. Es braucht jedenfalls eine Menge Phantasie, um in den häufig ritualisierten Parlamentsdebatten eine positive Ausstrahlung für uns Zuschauer zu erkennen.

Aber handelt es sich allein um Inszenierung? Etwa im Sinn der traditionellen rechten wie linken Parlamentarismuskritik: Parteienherrschaft und Partikularinteressen verhindern die Artikulation des „wahren Volkswillens" (Carl Schmitt)? Parlamentarische Pseudoauseinandersetzungen als Fassade des Konflikts zwischen kapitalistischer Elite und unterprivilegierter Mehrheit (Johannes Agnoli)?

Nun, die alte Kritik des Parlamentarismus ist genauso „museumsreif" wie er selber. Denn wie unterschiedlich ihre Verfassungen auch immer aussehen mögen, alle modernen demokratischen Systeme funktionieren als *Mixtum compositum.* Und dies meint nicht allein das konstitutionelle Strickmuster von direkter und repräsentativer Demokratie, von konkurrierenden Referenda- und Parlamentsentscheidungen, das sich immer stärker in den meisten freiheitlich verfassten Staaten oder Gebietskörperschaften durchsetzt. Wo gibt es noch Parlamentarismus oder repräsentative Demokratie pur?

Zu diesem Mixtum compositum zählen ebenso die Artikulations- und Diskursformen der elektronischen Medien, die von den unterschiedlichsten gesellschaftlichen Kräften genutzt werden können: Demoskopie und Talkshows im Tagestakt, permanente Kontroversen und Abstimmungen im Internet. Insbesondere die digital-plebiszitären Formen politischer Partizipation, die wir heute in ersten Ansätzen via SMS, Twitter, Facebook, WebTV oder YouTube erleben und nicht nur arabische Despoten, sondern auch so manchen demokratisch gewählten Repräsentanten erzittern lassen, werden sich noch im Laufe dieses Jahrzehnts zu festen Bestandteilen demokratischer Systeme mausern.

Der Parlamentarismus ist, wenn wir das demokratische System im Ganzen betrachten, nur noch ein Element unter anderen und hat längst damit begonnen, sich den neuen Gegebenheiten anzupassen. Ein Gesamtsystem, für das wir, obwohl es längst etabliert ist, immer noch nach einem passenden Namen suchen. „Plebizitäre Demokratie", „Mediendemokratie", „Web Democracy" – derartige Begriffe sprechen wie der

Begriff „parlamentarische Demokratie“ selber immer nur Teilwahrheiten aus, können aber nicht wirklich überzeugen. Und so benutzen wir als Platzhalter, bis jemandem etwas Überzeugenderes einfällt, den Begriff *Mixed Democracy.*

Die zwei evolutionären Vorteile dieses Mischsystems gegenüber reinen Repräsentationssystemen liegen auf der Hand: Die Chancen für einen rationalen Diskurs, der alle gesellschaftlichen Argumente zu Gehör bringt, steigen ebenso wie die Durchsetzungschancen der Politik gegen wirtschaftliche oder gesellschaftliche Partikular-

Reichstag. Foto: fotalia

interessen. Ich betone: die Chancen! Denn wie alle demokratischen Systeme der Vergangenheit kann auch die Mixed Democracy keine Gewähr vor Demagogen oder majorisierenden Manövern bieten.

*

Schauen wir im Reichstag nochmals herab auf eine Debatte des Deutschen Bundestages, dann sehen wir zwar einen historisch traditionsreichen und damit durchaus „ausstellungswürdigen" Ausschnitt im demokratischen Entscheidungsprozess. Aber jeder Akteur dort unten weiß oder ahnt es zumindest, dass sich im Verhältnisse von Repräsentanten und Repräsentierten Gewaltiges verändert hat. Zuweilen kann, wie in Sir Fosters gläserner Kuppel, ihm der Souverän sogar aufs Dach steigen.

Hottentotten im Preußenschloss

„So wie Du bist, so sind auch Deine Gebäude", schrieb Louis Sullivan, Pionier der Chicagoer Hochhausarchitektur im Jahr 1924. Eine lange Traditionslinie der Ästhetik wurde von ihm auf die einfache Formel *form follows function* gebracht. Auch wenn diese Formel nie ein Eigenleben von Form, Stil oder Ausdruck in Frage stellen sollte, ahnen wir doch seitdem, dass Beate-Uhse-Shops oder der Verkauf von Currywürsten nicht zur Fassade eines Hohenzollernschlosses passen.

Gilt dies auch für das geplante, nach den Gebrüdern Humboldt benannte Kulturforum, das uns einen Blick auf die *außereuropäische* Welt er-

Abriß für das Preußenschloss. Foto: foralia

möglichen soll? Passt das wirklich zusammen: Das Erleben afrikanischer, asiatischer oder amerikanischer Kulturen in einer preußischen Schlossfassade, die alles Mögliche – Renaissance, Barock, Rokoko, Klassizismus – in sich vereinen mag, nur nicht den Anschein ferner, fremder Welten?

Anything goes. Eine anarcho-ästhetische Mehrheit des Deutschen Bundestags beschloss im Jahr 2002, dass auf dem Grund und Boden des ehemaligen Berliner Stadtschlosses, das von den Kommunisten als Symbol des preußischen Militarismus in die Luft gesprengt und mit einem asbestverseuchten Palast bestückt worden war, ein Wiederaufbau des Hohenzollernschlosses „mit modernem Kern" stattfinden soll. Und in eben diesem historisch-modernen Hüllenkern wird, wenn das Geld wieder sprudelt, jenes dem Außereuropäischen gewidmete Kulturforum seine Heimstätte finden.

Anything goes, so hat es uns bereits der Philosoph Paul Feyerabend mit auf den Weg gegeben: Wir müssen uns nicht immer stur an feste Regeln halten – und können dennoch oder gerade deswegen Erfolg haben. Hottentotten im Preußenschloss, herrlich! Hereros, die nach einhundert Jahren zurückschlagen, endlich!

Abschiedsszene. Foto: depositphotos

Ciao Bella

Warum uns Nofretete verlassen wird – für immer

Die Meinung einiger Kunst- und Marketing-Experten, Nofretete sei die schönste Frau in Berlin, könnte mit einer déformation professionelle zu tun haben. Schon auf dem Weg zur Museumsinsel laufen einem Wesen über den Weg, und dann auch noch aus Fleisch und Blut, die den Vergleich nicht scheuen müssten. Worüber sich jedoch nicht streiten lässt: Dass Nofretete eine *universelle* Schönheit ist.

Vor über zweihundert Jahren, ihre Büste schlummerte damals noch in ägyptischem Sand und Schotter, hat ein preußischer Weltbürger ein merkwürdiges Paradoxon entdeckt: Unser Urteil über Schönheit, obwohl subjektiv begründet, tritt immer mit dem Anspruch auf, allgemeingültig zu sein. Als ob Schönheit eine objektive Wahrheit wäre wie zum Beispiel die Erfindung des Rades.

Wir, die wir jetzt vor Nofretetes Büste stehen, stehen vor einer Verkörperung dieses Paradoxons. Seit der Archäologe Ludwig Borchardt sie vor einhundert Jahren entdeckt hat, erwächst aus dem subjektiven Empfinden von Millionen Betrachtern der unangreifbare Status einer universellen, alle Zeiten und Kulturen übergreifenden Schönheit. Wer objektivierte Schönheit wie diese beherbergt, dem ist weltweite Reputation und das Klingeln aller Kassen gesichert.

Tja, und hier liegt das Problem. Hätte jener Bildhauer Thutmosis vor etwa 3.300 Jahren statt Nofretete eine senile Alte vom Nil modelliert, und hätte der Archäologe Borchardt statt Nofretete deren verhutzelte Büste nach Berlin verfrachtet, dann würden sich die Rückgabeforderungen Ägyptens heute in Grenzen halten. So aber entspann sich zwischen Berlin und Kairo ein nicht enden wollender Wechselgesang mit dem Titel: Wem gehört die Schöne?

Selbst Kunstexperte Adolf Hitler war daran beteiligt, als er seinem rückgabewilligen preußischen Ministerpräsidenten den Marsch blies: „Herrrmann, die Nofret-tete bleibt hirr!" Hitler wollte mit ihr in seiner Reichshauptstadt Germania glänzen, doch Nofretetes Exposition im Neuen Museum hätte ihm wahrscheinlich auch gefallen.

*

Ende des 19. und Anfang des 20. Jahrhunderts konzentrierte sich das archäologische Interesse der europäischen Mächte auf den Nahen Osten. Das Osmanische Reich lag in seinen letzten Zügen; ein nationalkulturelles Bewusstsein der zahlreichen orientalischen Völker begann sich gerade erst zu entwickeln. Kolonialverwaltungen bestimmten über Grabungsgenehmigungen und Ausfuhrerlaubnisse.

Das Resultat: Nach ihrer griechisch-römischen Phase spreizten sich die europäischen Mäzene gern mit syrischen, ägyptischen, arabischen oder babylonischen Antiquitäten; im Louvre und im British Museum begannen sich die archäologischen Artefakte und Monumente aus dieser Region zu stapeln.

Deutschland kam wie immer spät, aber doch noch rechtzeitig zum Zug, wie auf der Museumsinsel neben Nofretetes Büste etwa die Prozessionsstraße von Babylon oder die Götter aus dem Tempel von Tell Halaf bezeugen. Und nicht nur Hitler, auch alle demokratisch gesinnten deutschen Kulturpolitiker, Stiftungsvorstände, wissenschaftlichen Beiräte oder Museumsdirektoren, die mit diesem Sachverhalt befasst waren und das Sagen hatten, lehnten bis heute und wer weiß wie lange noch eine Rückgabe Nofretetes an Ägypten ab. Erst jüngst, im Januar 2011, kommentierte der Präsident der Stiftung Preußischer Kulturbesitz eine Bitte um Rückgabe mit den Worten: „Sie (Nofretete) ist und bleibt die beste Botschafterin Ägyptens in Berlin." Glaube niemand, andere Länder dürften selber bestimmen, wer sie als Botschafter in der deutschen Hauptstadt vertritt.

Das Hauptargument der deutschen Kulturpolitik, wenn Ägyptens Forderungen abgeschmettert werden, lautet: „Wasserdichte Verträge". Nach jahrelanger Ausplünderung hatte die ägyptische Antikenverwaltung neue Regeln für Fundteilungen eingeführt. Ägypten sollte den Zugriff auf die besten Stücke und die Hälfte der Gesamtgrabung erhalten. Wie Borchardt, dem die Besonderheit und Identität der Büste bewusst war, Nofretete „juristisch einwandfrei" durch die Fundteilung und nach Deutschland bringen konnte, wird sich heute wohl nicht mehr im Einzelnen rekonstruieren lassen.

Aber unterstellen wir einmal, dass tatsächlich alles nach damaligem Recht und Gesetz abgewickelt wurde. Ist damit die Frage einer Rückgabe Nofretetes an Ägypten erledigt?

Die Archäologie hat sich im Laufe des 20. Jahrhunderts aus ihren frühen kolonialen Verstrickungen befreit und ist längst zu der Einsicht gelangt, dass alle antiken Artefakte legitimerweise in dem Land verbleiben müssen, wo sie gefunden werden. Selbst Kulturpolitiker und Museumsdirektoren werden eines Tages zu der traurigen Erkenntnis gelangen, dass in exponierten Konflikten zwischen historischer Legitimität und zeitbedingter Legalität letztere in der Regel den Kürzeren zieht.

*

Kommen wir nochmals auf jenen Weltbürger zurück, dem wir das eingangs geschilderte ästhetische Paradoxon verdanken. Weltbürger war Kant in dem Sinne, dass er sich nicht nur als nützliches Glied der preußischen Gesellschaft, sondern zugleich und vor allem als Fürsprecher einer vernunftfähigen Gattung verstand. Auch im Zusammenleben der modernen Nationalstaaten sollen wir immer wieder versuchen, Wege einer konsensualen Verständigung und friedlichen Übereinkunft einzuschlagen.

Bezogen auf unser Thema, den Reichtümern vergangener Hochkulturen, würde das heißen:

Zwar zählen sie zum Besitz der Länder, in denen sie aufgefunden werden, zugleich aber sind sie Teil einer umfassenden Gattungsgeschichte: Weltkulturerbe. Deshalb lasst uns vernünftig darüber unterhalten, wo und wie diese Reichtümer gesichert und möglichst vielen vor Augen geführt werden können.

Die Leihgaben und archäologischen Austauschprogramme im weltweiten Ausstellungszirkus von Museen und vergleichbaren Institutionen verdeutlichen, wie weit die praktische Vernunft sich bereits heute in ein Dickicht vorarbeiten konnte, das über Jahrhunderte auf dem Boden von Raubzügen und Plünderungen, von Korruption und ungleichen Tauschverhältnissen herangewachsen war.

Natürlich sind es nicht hehre Überzeugungen, die diese Umkehr bewirken – jedenfalls nicht allein. Die Kulturpolitiker in den alten Großmächten und Imperien, die Antikensammler in Paris, London, New York oder Berlin haben es heute nicht mehr mit Unterhändlern aus vereinzelten unterentwickelten Ländern zu tun, sondern mit archäologischen Interessengemeinschaften von aufstrebenden Staaten, die man möglichst nicht verprellen sollte – was nicht allein für Außenwirtschaft und Militärstrategie gilt, sondern auch in den unterschiedlichen Runden des internationalen Kulturaustausches.

Die Geschichte endet ironisch. Als Kairo 2009 die Bitte an Berlin richtete, wenn keine Rückgabe, dann doch zumindest eine Ausleihe Nofretetes zur Eröffnung des neuen ägyptischen Nationalmuseums zu gewähren, da konnten diverse wissenschaftliche Untersuchungen die Fragilität der Büste zweifelsfrei belegen. Die deutsche Seite glaubte, in Sachen Nofretete endlich, endlich das Argument für ein ultimatives Ausreiseverbot gefunden zu haben: Die zarte, zerbrechliche Schöne in den internationalen Austauschzirkus zu schikken, wäre in der Tat nicht zu verantworten.

So wird Deutschland und die ganze Welt erleben, dass Nofretete nur noch eine einzige, eine letzte Reise machen wird – zurück an den Nil. Gesichert und geschützt wie ein Mensch, der zu einem anderen Planeten reist – was wird das für ein Spektakel sein!

Mit Todesverachtung werden sich seriöse Museumsdirektoren und Regierende Bürgermeister vor den Transporter schmeißen; nerzbemäntelte Damen der Berliner Gesellschaft werden sich und ihre Hündchen an Bahngleise ketten – alles vergebens. Bis dann im Hafen von Genua, wo Nofretete für die Überfahrt eingeschifft werden wird, das museophile Europa ein letztes, tränenersticktes „Ciao Bella“ von sich geben darf.

Die Frage lautet allein: *Wann* wird diese Reise stattfinden?

Wir haben die Wahl: Warten wir noch ein oder zwei Jahrzehnte ab, bis uns eine kulturpolitische Koalition ehemaliger Kolonien und zukünftiger Wirtschaftsmächte auf die Knie zwingt. Oder werden wir die Schöne erhobenen Hauptes an den Nil begleiten und demonstrieren, dass deutscher Idealismus mehr als nur eine Schimäre ist.

Sony Center am Potsdamer Platz. Foto: fotalia

Blasierte Fremde

Was wäre nicht alles möglich gewesen! Der Potsdamer Platz glich einer Mondlandschaft, als sich

Politiker, Investoren und Architekten nach dem Fall der Mauer an die Rekonstruktion dieses Platzes machten. Sie hatten die einmalige Chance, der Welt etwas Revolutionäres zu bieten. Sie hätten zum Beispiel einen German-Chancellor-Tower bauen können, eintausend Meter hoch. Von dessen Aussichtsplattform aus könnten wir heute auf den Burj Khalifa in Dubai herunter spucken. Sie hätten die größte Achterbahn oder den größten Swinger-Club des Universums bauen können, einen transterranen Fahrstuhl nach Australien, eine Treppe von Mond zu Mond.

Dass sie das alles nicht taten, verdanken wir einem Mythos und begreifen jetzt nebenbei, was das ist, ein Mythos: Eine Art Aufpasser, dass wir uns trotz aller Freiheiten nicht allzu weit vom Vergangenen entfernen.

In diesem Fall heißt der Mythos wie der Potsdamer Platz: „Potsdamer Platz". Vor einhundert Jahren soll es sich um den verkehrsreichsten Platz Europas gehandelt haben, was sich nur äußerlich auf Kraftfahrzeugverkehre, mythologisch jedoch auf den Verkehr der Hure Babylon bezog. Im „Haus Vaterland" schoben sie den Tango, Schriftsteller, Künstler und ihre Musen kaffetierten im „Josty", Kokotten flatterten über den

Platz, und an allen Ecken studierte der Klassiker der Stadtsoziologie, Georg Simmel, das hektische Leben der Großstadt. Er begriff sie als universalgeschichtlich einzigartigen Ort, an dem aus blasiert dreinschauenden Fremden Tanzpartner werden können – und aus Tanzpartnern wiederum blasierte dreinschauende Fremde. Instabile Beziehungen von ungeheurer Stabilität.

Kein Wunder, dass es äußerst schwierig wurde, diesen Platz zu rekonstruieren. Renommierte Architekten, beaufsichtigt von Berliner Mythologen und Return-on-Investment-Spezialisten, bauten zwar elegante Straßenschluchten und Hochhausfassaden aus Glas, Stahl und Stein, bauten ein zeltüberdachtes, lichtdurchflutetes Forum der Begegnung – allein die auf blasierten Verkehr besonders spezialisierten Typen der Großstadt machen sich rar. Stadtsoziologen ausgenommen.

Ernst Ludwig Kirchner: Potsdamer Platz (1914).
Foto: Bildagentur für Kunst, Kultur und Geschichte

Der Nuttenmaler

Großstadt-Expressionismus und sexuelle Liberalisierung

Nicht allein von Nationalsozialisten als entartet und krankhaft etikettiert, zählt Ludwig Kirchners „Potsdamer Platz" heute zu den Signets der Sammlung Neue Nationalgalerie. In diesem Gemälde sind charakteristische Ambivalenzen des „Berliner Großstadt-Expressionismus" versammelt: Eine Straßenszene mit zwei Kokotten, faszinierend-mondän und zugleich spannungsgeladen-aggressiv. Wir sehen Gesichter und Gestalten, die sowohl den Stolz wie das Blasierte, die Vereinzelung wie die Vermassung des urbanen Individuums erkennen lassen. Und die zwei leichten Damen im Vordergrund, die uns aus dem Gleichgewicht bringen und auf die schiefe Ebene des Bildes zu ziehen versuchen, können dafür stehen, worum es im Nervenzentrum aller Metropolen geht – um die Suche nach neuen Reizen, sexuelle eingeschlossen.

Kirchner galt in der tonangebenden Berliner Gesellschaft vor dem Ersten Weltkrieg als „Nuttenmaler" und „Sittenstrolch". Zusammen mit einigen Kollegen aus der Künstlergruppe „Brükke“ führte er ein so skandalträchtiges wie werbewirksames Leben als Bohémien: Absinth- und Drogenrausch, Rotlichtfreundschaften und sexuelle Provokationen. Ein Lebensstil, der speziell in Berlin Schule machen sollte.

Über einige ihrer Tabubrüche können wir heute nur noch schmunzeln: Nackte Maler malen nackte Modelle vor Schilf und See – huch! Anderes wiederum würden wir heute weitaus strenger beurteilen als die kulturpolitischen Meinungsführer jener Jahre, die über das Lotterleben dieser Künstlergruppe donnerten, sich aber ebenfalls gern an den „Fratzen“ und „Püppchen“ aus dem proletarischen Zille-Milieu bedienten.

Ein Künstler, der sich in unseren Tagen neunjährige oder zehnjährige Mädchen ins Atelier holte, selbst wenn er sie nicht missbrauchen, sondern allein in sexuell aufreizender Pose malen sollte, ob der es zum Star der Neuen Nationalgalerie bringen könnte?

*

Wenn man sich fragt, wie es um das Liebesleben Ende des 19. und Anfang des 20. Jahrhunderts stand, also zu Kirchners Zeiten, muss man einen Zeitraffer wagen, der über zweieinhalb Jahrtausende hinweg reicht.

Über Europa und den Vereinigten Staaten von Amerika liegt zu Kirchners Zeiten immer noch ein gigantisches Massiv sexueller Verbote und sexueller Tabus. Die ältesten Schichten dieses Massivs führen uns zurück in die Antike, etwa zur platonischen Unterordnung der sexuellen unter die geistige Liebe, zu den Selbstbeherrschungspraktiken der Stoa, zum manichäischen Verbot des Geschlechtsverkehrs.

Darauf baut die stärkste Schicht dieses Massivs auf, das Kirchenchristentum. (Von anderen Weltreligionen, die in puncto Sexualfeindlichkeit dem Christentum in nichts nachstehen, können wir hier absehen.) Nicht den Autoren des Neuen Testaments, sondern den spätantiken Kirchenvätern verdanken wir die endlosen (und äußerst kenntnisreichen) Aufzählungen teuflischer Perversionen, vor denen wir uns hüten sollen. Allein den disziplinierten, auf Zeugung ausgerichteten ehelichen Verkehr lassen sie noch durchgehen – als „erlaubte Sünde", so Augustinus.

Die sittenstrenge Litanei, durch Reformation und Puritanismus nur geringfügig verändert, wirkt bis weit hinein in die Neuzeit, wo sie sich mit medizinischen, psychatrischen und pädagogischen Schulen verbindet. Diese unterrichten ihr Publikum über neueste wissenschaftliche Erkenntnisse zur gehirnerweichenden Onanie, zur widernatürlichen Homosexualität, zur natürlichen Asexualität der Frau und so weiter. Insbesondere vom französischen, nachrevolutionären Code Pénal abgesehen (1810), prägen solche Auffassungen und kirchlichen Verdikte – insbesondere gegen die „widernatürliche Unzucht" der Homosexuellen – das Strafrecht der meisten europäischen Staaten, der meisten amerikanischen Bundesstaaten bis zur Mitte des 20. Jahrhunderts.

Die Bohème eines Ludwig Kirchner, die gegen die vorherrschenden Moralvorstellungen im Berlin der Jahrhundertwende aufbegehrte, stellte nur eine hauchdünne Gesellschaftsschicht dar – in den größeren Metropolen Paris, London oder New York nicht anders. Und diese Schicht war weder die erste noch die entscheidende Kraft, die das Massiv sexueller Verbote und Tabus aufbrechen sollte.

Unterhalb dieses Massivs rumorte und revoltierte es von Beginn an – selbstverständlich, denn wie könnte es angesichts eines unterdrückten

Naturbedürfnisses anders sein. Nicht zuletzt die lustig herumhurenden Renaissancepäpste bezeugen, dass dieses hochmoralische Massiv immer schon ein Gebilde der Scheinheiligkeit war.

Permanentes Aufbegehren lässt sich zum Beispiel in städtischen und bäuerlichen Fastnachtsfeiern bis ins tiefe Mittelalter verfolgen. Und weit hemmungsloser waren die Freizügigkeiten im Adel und in den Hofgesellschaften des 17. und 18. Jahrhunderts mit ihren Mätressen, Casanovas und de Sades. Selbst im protestantisch-prüden Preußen unter Wilhelm II. haben „höchste Kreise“ im Jagdschloss Grunewald Orgien gefeiert, gegen die sich die Künstlergelage im Freundeskreis Kirchners wie infantile Doktorspiele ausnahmen.

*

Das 20. Jahrhundert bereitete dieser Bigotterie ein Ende, und Berlin war eines der großen Zentren der sexuellen Liberalisierung: Großes Kino und bunte Illustrierte, sie beide projizieren in Berlins „Goldenen Zwanzigern“ erotische Freizügigkeiten auf die Netzhaut aller sozialen Milieus. Auf Berliner Bühnen und im Film wird der feministische Archetypus einer Anita Berber und Marlene Dietrich fabriziert. In der Schöneberger „Pyramide“ trifft sich mit Claire Walldoff das lesbische Berlin. In dieser Stadt institutionalisiert Magnus Hirschfeld die moderne Sexualforschung. Hier streitet der „Bund für Menschenrechte“ mit Tausenden von Mitgliedern für die Rechte der Homosexuellen.

Vor allem aber kann man Berlin als Geburtsstätte des modernen Sextourismus bezeichnen. Während in anderen Metropolen jener Zeit die Bordellbezirke meist diskret abgeschirmt wurden, boomte hier die Sexindustrie in der ganzen Stadt. Jeden Abend war in rund sechshundert einschlägigen Etablissements – vom erotischen Cabaret über den Sexclub bis hin zur Folterkammer – alles zu haben.

Auch wenn sich das Zentrum der „sexuellen Revolution“ (Wilhelm Reich) nach dem Zweiten Weltkrieg an die West- und Ostküste der Vereinigten Staaten von Amerika verlagerte, ging Berlin deswegen nicht der Atem aus. Kommune I, Gruppensex und die Kinder vom Bahnhof Zoo im Westen der Stadt, Freikörperbadekultur und der von Stasi-Voyeuren fleißig dokumentierte Sexualverkehr am Prenzlauer Berg wie im ganzen Osten.

Nach der Wende versammelten sich bis zu 1,5 Millionen Besucher aus aller Welt zum Techno-Sound der jährlichen Loveparade. Barbusige Studienrätinnen und Friseusen mit Arschgeweih, Lederfetischisten aus dem bürgerlichen Grunewald und dem proletarischen Moabit, gestylte Kokainkonsumenten und verlotterte Büchsenbiertrinker: Sie alle demonstrierten, dass der Lebensstil des Berliner Großstadt-Expressionismus ein Massenphänomen geworden und in allen sozialen Klassen angekommen war.

Schlussendlich begeisterten sich selbst die in dieser Hinsicht verwöhnten Journalisten der New York Times für die hiesige Party-, Sex- und Drogenszene und vergaben den Titel „Best Club in the World“ an das Berliner Berghain, in dem Ludwig Kirchners Urenkel heute ihre „Grenzerfahrungen“ sammeln.

Grenzerfahrungen sind so eine Sache. Tabus zu brechen macht nicht unbedingt glücklich. So mancher kam aus dem Darkroom und hatte später Aids. So mancher herrliche Rausch endete in der eigenen Kotze.

Von den vielen Tabus und Verboten, welche die sexuelle Revolution des 20. Jahrhunderts von Generation zu Generation aus dem Weg geräumt hat, haben im Grunde nur zwei überlebt, das Pädophilie- und Gewalttabu. Es ist kaum vorstellbar, dass irgendeine zukünftige Gesellschaft hier auf strafbewehrte Verbote verzichten kann. Wo sexuelles Verhalten mit Gewalt und Erniedrigung, mit Ausbeutung oder Freiheitsberaubung verbunden ist, muss jede Liberalisierung enden.

Einem heutigen Ludwig Kirchner würde im Fall einer Strafanzeige wegen Pädophilie und Kindesmissbrauchs vor Gericht und in den Medien arg zugesetzt werden. Nicht dass er gehängt würde, aber in der Neuen Nationalgalerie würde man ihn auch nicht gern hängen sehen. Dem alten, dem wirklichen Ludwig Kirchner freilich, sollte er sich schuldig gemacht haben, kommen Verjährung und strafmildernde Zeitumstände zugute – er darf, er muss gehängt werden!

*

Wie geht es weiter mit der sexuellen Revolution?

Die meisten ihrer Mitspieler, Gäste oder Beobachter wetten zur Zeit auf „Hauptströmung serielle Monogamie" mit oder ohne Trauschein. Andere Wettgemeinschaften setzen auf Dreierbeziehungen, auf Bisexualität, auf E-Sex und andere „Neosexualitäten“ (Volkmar Sigusch). Wer vor solchen Angeboten und überhaupt vor dem sexuellen Rausch vergangener Jahrzehnte zurückschreckt, der könnte aber auch auf neue sexuelle Enthaltsamkeit setzen: www.asexuality.org. Der könnte „Zurück zu den alten Familienwerten!“ in die Suchmaschine eingeben und rasch viele neue Freunde gewinnen.

Wir dagegen enthalten uns jeglicher Spekulation und setzen allein auf die sozialwissenschaftliche Skepsis gegenüber Prognosen und Zukunftsszenarios. Denn die Frage „Wie weiter mit der sexuellen Revolution?“ ist nicht allein eine *komplexe* Frage mit einer Vielzahl von Faktoren, angesichts derer die Vorhersage des nächsten Meteoriteneinschlags in Berlin ein Kinderspiel wäre.

Sie ist vor allem eine Frage *freier Entscheidungen*, denn bei diesen „Faktoren“ handelt es sich um hinterhältige Menschen, deren größte Vorliebe es ist, Prognosen scheitern zu lassen. Sie quälen sich und streiten darüber, wie Sexualität, Erotik und Liebe verbunden werden können; sie reden darüber und ringen darum, wie die Liebe zu den Kindern, wie Vater- und Mutterrollen mit außerfamiliären Beziehungen und Leidenschaften vereinbart werden können; sie bejahen und verneinen über Nacht auch wieder das Spiel mit neuen Reizen und Vergnügungen. Und am Ende, das allein ist absolut sicher, wird jede Generation der vorherigen eine lange Nase gedreht haben. So war es im Berlin des 20. Jahrhunderts, so wird es im 21. Jahrhundert sein.

Gethsemane

Jenseits von Religion und Atheismus

Berliner Dom, Sankt-Hedwigs-Kathedrale, Neue Synagoge, Ahmadiyya-Moschee: Wer einmal als interessierter Zeitgenosse außerhalb von Kultus und Gebetszeiten in die Pracht und Stille Berliner Gotteshäuser eintaucht, sollte sich darüber im Klaren sein, dass er einer säkularen Sinnestäuschung erliegt. Der ewige Streit der Gläubigen und Gottlosen ist auch in Berlin nicht vorbei.

Die Auseinandersetzung zwischen den atheistischen Kritikern des „religiösen Wahnsinns" und den religiösen Kritikern der „atheistischen

Berliner Dom. Foto: depositphotos

Dekadenz" spielt sich zwar momentan im akademisch-publizistischen Hintergrund ab. Aber in allen Religionsgemeinschaften, in allen spirituellen oder weltanschaulich fundierten Vereinigungen dieser Stadt wird das geistige Waffenarsenal gepflegt. Schon beim nächsten Anlass könnten die Gegensätze wieder eskalieren. Die schrillen Töne zum Volksentscheid im Jahr 2009, als es um den Status des Religionsunterrichts an Berliner Schulen ging, sind noch in frischer Erinnerung.

Mit wissenschaftlicher Akribie rechnen sich die Kontrahenten vor, wieviel Millionen Tote welche Seite zu verantworten hat. Sie verweisen auf mittelalterliche Kreuzzüge, auf Abtreibungsquoten, auf dschihadistische Suizidbomber, auf die atheistischen Großdiktaturen des 20. Jahrhunderts: Verantwortlich für alle Schandtaten dieser Welt – Völkermord, Ehrenmord, Aidsepidemie, Kindesmissbrauch und so weiter – sei letztlich das andere, das falsche Weltbild.

„Neue Atheisten" haben die Stellung der alten SED-Kader übernommen. Letztere durften hinter der Mauer einer real-existierenden Entzugsanstalt „Religion als Opium des Volkes" bekämpfen, über vier Jahrzehnte lang und bekanntlich mit großem Erfolg. Aber ob neu erregte Gotteswiderleger oder erstarrte Gewohnheitsatheisten, sie alle sind überzeugt, dass jede Religion zu Diskriminierung und Gewalt gegenüber Nicht- und Andersgläubigen neigt. An Beispielen fehlt es ihnen nicht.

Auf der anderen Seite diverse Vertreter der jeweils „wahren" Religion. Ob sie sich gerade untereinander bekriegen oder nicht, immer stimmen sie darin überein, dass die grassierende Gottlosigkeit – über 60 Prozent der Berliner Bevölkerung gehören keiner Konfession an – dem „Werterelativismus", dem Sittenverfall und Verbrechen Tür und Tor öffnet. In den Worten eines Pfarrers dieser Stadt, bei jungen evangelischen Christen verehrt und beliebt: „Atheismus erzeugt eine abgrundtiefe Haltlosigkeit gegenüber den Gefährdungen des Lebens wie Sucht und Gewalt"; „Gläubige leben bewusster, sind gesünder, haben besseren Sex". Sein größtes Glück, ein Leben nach dem Tod, vergisst er zwar zuweilen, ansonsten aber könnte es sein islamischer oder jüdischer Kollege nicht besser sagen – allein der katholische müsste beim Thema Sex etwas verlegen zur Seite schauen.

*

In diesem semifundamentalistischen Hin und Her lohnt es sich, das Blickfeld zu erweitern und über eine historische Blamage nachzudenken. Genau genommen handelt es sich um zwei Blamagen, die verschwistert sind: die Folgenlosigkeit der neuzeitlichen Reformtheologie und die kulturelle Naivität moderner Naturwissenschaften.

Die evangelische Theologie Berliner Provenienz zum Beispiel versucht seit Friedrich Schleiermachers Zeiten, christlichen Glauben und wissenschaftliche Forschung zu vereinbaren. Sie begreift religiöse Aussagen nicht als objektive Wirklichkeit von Gott und Welt, sondern in erster Linie als Ausdruck und Manifestation einer inneren Religiösität. Aberglaube, Irrtümer und fragwürdige Menschenbilder in den Schriften und Praktiken des frühen und mittelalterlichen Christentums sollten so überwunden werden.

Sehr erfolgreich war diese zweihundertjährige Theologie offensichtlich nicht. Weder sie noch ein gutes Dutzend anderer protestantischer Schulen konnte das globale Aufblühen evangelikaler Gemeinden verhindern; nach verschiedenen Quellen sollen diese bereits ein Viertel der weltweit organisierten Christen ausmachen. Frömmelnde Fernsehprediger propagieren unverzagt die Autorität und Irrtumsfreiheit der Bibel. Ihre Verdikte gegen Darwins Evolutionstheorie lassen nicht allein die Haare der Neuen Atheisten zu Berge stehen.

Wenn schon die protestantische Reformtheologie global gesehen relativ folgenlos blieb, was ist dann erst von der Wirksamkeit katholischer oder jüdisch-orthodoxer Varianten zu halten, die in der Regel weit weniger selbst- und textkritisch sind? Und wie lange müssen wir warten, bis die neuen Lehrstühle für islamische Theologie die Leidenschaften des Korans zur Abkühlung bringen?

Andererseits der „Neue Atheismus“. In puncto wissenschaftlicher Ignoranz gleicht er dem religiösen Fundamentalismus wie ein Ei dem anderen. Zwar ist er in naturwissenschaftlichen Fakultäten aufgewachsen; Koryphäen der Physik, der biologischen Evolutions- und Hirnforschung zählen zu seinen Begründern. Aber die Neuen Atheisten hätten, um es hier bei einer saloppen Formulierung zu belassen, nur einmal über den Flur laufen müssen, um sich von ihren geistes- und kulturwissenschaftlich forschenden Kollegen darüber aufklären zu lassen, dass und warum es einen engen Zusammenhang von existentieller Unsicherheit und religiösem Bedürfnis gibt; dass und warum Weltreligionen immer auch zivilisierende, Sicherheit und Zusammenhalt stiftende Funktionen erfüllt haben.

Dann hätten sie zum Beispiel erfahren, dass es gar nicht so einfach ist, Gottes Existenz zu widerlegen, wenn diese als innere Selbstgewissheit eines Gläubigen oder als Vertrauensbasis einer Gemeinde oder als Solidarität einer weltweiten Bewegung begriffen wird. Wahrheit gibt es nicht allein im Universum einer objektivierbaren, naturwissenschaftlich nachvollziehbaren Realität. Gott als fliegende Untertasse zu widerlegen, ist kein Kunststück.

*

Apropos Untertasse. Versetzen wir uns einmal auf einen fiktiven Nachbarplaneten namens Gethsemane, der aber ebenso den merkwürdigen Namen „synkretistische Sozialwissenschaft" tragen könnte. Beobachtet man von hier aus den ewigen Streit der Gläubigen und Gottlosen auf dem gegenüberliegenden blauen Planeten, dann hat man zwar auch in dieser Beobachterposition mit einem blinden Fleck zu kämpfen, der allerdings durch mehrere Teleskope und verschiedene methodische Tricks verkleinert werden kann.

Aus dieser Distanz fällt als erstes ein ungeheures, lebendiges Mischmasch auf. Unzählige Symbolsprachen, Kulte und Riten, unzählige Traditionen und Signaturen mischen sich nicht allein in ein und derselben Religion oder Weltanschauung, sondern wandern – trotz des permanenten Wettstreits unter ihnen– munter über alle Grenzen hinweg. Zuweilen schließen sich sakrale wie säkulare Elemente unterschiedlicher Herkunft zusammen und versuchen, erneut ein geschlossenes Ganzes zu bilden.

Sofort wird einem klar: Mit Allgemeinbegriffen („der" Islam, „das" Judentum, „der" Atheismus usw.) und Pauschalurteilen („Gläubige gegen Ungläubige", „Kirchen gegen Sekten") wird man diesem Treiben nicht gerecht. Und das heißt vor allem: Undifferenzierte Diskurse über religiöse Themen spielen immer mit dem Feuer. Wer um diese Differenzen weiß und gleichwohl pauschalisiert, ist ein Brandstifter.

Als zweites fällt auf, wie belebt religiöse und spirituelle Landschaften selbst im Bereich der „modernen", der industriell hochentwickelten und säkularisierten Staatenwelt sind. Denken wir nur an die Vereinigten Staaten von Amerika oder an verschiedene kleine und große Tiger Asiens.

Der enge Zusammenhang von existentieller Unsicherheit und religiösem Bedürfnis besteht offensichtlich nicht allein in vormodernen, in unterentwickelten oder verelendeten Weltregionen. Und warum sollten Kontingenz und Unsicherheit nur für die *individuelle* Existenz und nicht für die Existenz eines ganzen Planeten gelten? Je stärker globale Lebensgrundlagen gefährdet werden oder gefährdet erscheinen, umso fragwürdiger erscheint die altehrwürdige These, dass Modernisierung und Säkularisierung von Gesellschaften Hand in Hand gehen müssen.

Als drittes fällt auf, dass alle Religionen in einer eigentümlichen Weise auf die Komplexität der Welt, auf die Risiken und Gefährdungen des Lebens reagieren. Sie versuchen, diese Komplexität so zu reduzieren und menschliches Leben sinnhaft so zu deuten, indem sie auf absolute Wahrheiten zielen: Es geht Religionen immer ums Ganze, nicht um Teilaspekte; relative und eingeschränkte Aussagen sind ihre Sache nicht. Absolute Wahrheiten jedoch erzeugen rigide Identitäten, sind deshalb hochexplosive Substanzen, die ihrem Träger wie ihrem Kritiker bei der kleinsten Erschütterung um die Ohren fliegen können.

Diese Beobachtung gilt natürlich nicht nur für Religionen, sondern auch für nicht-religiöse Weltbilder mit einem allumfassenden Anspruch. Wenn Materialisten oder Naturalisten gleich welcher Herkunft uns die Gesetze und Entwicklungen eines „gesellschaftlichen und ideologischen Überbaus" erklären, wenn traditionelle Humanisten dem Homo sapiens die Krone der Schöpfung aufsetzen, dann handelt es sich meist um Reduktionsprogramme, in denen nicht allein kulturelle Autonomien und Eigenleistungen, sondern alle möglichen Gottesgeschöpfe auf der Strecke bleiben können.

Stellt man viertens die sozialwissenschaftlichen Teleskope auf maximale Trennschärfe und betrachtet ausschließlich zwei Akteure, der eine mit einer religiösen, der andere mit einer nicht-religiösen Weltsicht, dann lässt sich folgendes beobachten: Der religiöse Akteur steht vor der Aufgabe, einen in seiner Religion vorgegebenen Sinn aktiv in der Welt zu erfüllen. Der nicht-religiöse Akteur hingegen steht vor zwei Aufgaben. Er muss, bevor er seinen Lebenssinn erfüllen kann, diesen zunächst einmal – an Vorgegebenem zweifelnd – selber entwerfen.

Was heißt das? Ohne jede Wertung lässt sich bereits aus dieser elementaren Differenz eine recht weitreichende Folgerung ziehen: Es ist sehr unwahrscheinlich, dass ein in diesem Sinne „doppelt belasteter“, dass ein „reflektierter“ oder „intellektueller“ Atheismus es jemals zur Mehrheit oder zu einem universellen Gemeinsinn bringen wird. Glaubend zu handeln fällt leichter als fallibilistisch, im beständigen Zweifel zu handeln. Der einzige Trost, der einem Atheisten in dieser Hinsicht bliebe, läge darin, dass es – wie geschildert – einem durch Reformtheologie „reflektierten“ Gottesglauben offensichtlich nicht viel anders ergeht.

Ein schwacher Trost, versteht sich. Denn heißt das nicht, dass unser Leben, unsere Zukunft im Wesentlichen von der riesigen Menge unkritischer Religionsanhänger und bequemer Gewohnheitsatheisten geprägt sein wird?

*

Nein, heißt es nicht, denn schon der gesunde Menschenverstand sagt uns, dass weder das individuelle noch das familiäre noch das gesellschaftliche Handeln jederzeit und überall durch das Nadelöhr von Religion oder Weltanschauung hindurch muss. Ob wir uns die Haare von vorn nach hinten kämmen oder umgekehrt: Keiner und auch nicht der stranggläubigste Mensch kann dem Pragmatismus und Relativismus des Alltagslebens entkommen.

Aber wie sieht es aus, wenn es um die großen Fragen, um Entscheidungen in existentiellen Situationen geht: Wenn es um Demokratisierung und Meinungsfreiheit geht, um Armutsbekämpfung, Gleichstellung der Geschlechter, sexuelle Liberalisierung, Sterbehilfe, humangenetische Manipulation, Widerstand gegen den Raubbau natürlicher Ressourcen, Militäreinsätze gegen Völkermord? Müssen die religiösen und weltanschaulich bedingten Gegensätze, die einem gemeinsamen Handeln häufig im Wege stehen, zuvor aufgelöst werden?

Denkbar wäre (mit John Rawls) eine Art Weltbildkonkurrenz durchzuführen, bei der ein gemeinsamer Kernbestand ausgehandelt würde, mit dem alle leben können. Denkbar wäre (mit Jürgen Habermas) eine Art agnostizistischer Philosophie, die sich für allgemeingültige religiöse Wahrheitsgehalte und Wertorientierungen offen hält. Denkbar wäre (mit Richard Rorty) ein pragmatisches Abwägen zwischen konkurrierenden

Werten. Denkbar wäre (mit Parsons und Luhmann) eine Art Generalisierung unterschiedlicher religiöser und weltanschaulicher Traditionen, die auf einer höheren Abstraktionsstufe mögliche gemeinsame Werte vor Augen führen kann.

In Wirklichkeit handelt es sich hier nicht um bloße Denkmodelle. Die Philosophie der Neuzeit hat solche und ähnliche Verfahren immer wieder durchgespielt, und das prominenteste praktische Resultat solcher Anstrengungen ist die Allgemeine Erklärung der Menschenrechte durch die Vollversammlung der Vereinten Nationen im Jahr 1948. Bekannt ist aber auch, wie schwach diese Institution zumeist ist, wenn es gilt, globale Konflikte und existentielle Aufgaben zu meistern; wie unverbindlich, sanktionsschwach und umstritten die Menschenrechtserklärung und ihre späteren Erweiterungen bis heute geblieben sind.

Doch so wichtig es ist, diese Institution und ihr zentrales Normensystem zu stärken, so wenig kann und muss man warten, bis der Streit der Gläubigen und Gottlosen auf diesem oder auf einem anderen Weg befriedet wird. Warum? Um das zu erkennen, versetzen wir uns nochmals nach Gethsemane, doch diesmal nicht auf jenen fiktiven Planeten, wir verbleiben in Berlin.

*

Nicht allein in Berlin, in ganz Osteuropa war der Sturz kommunistischer Regime eine gemeinsame Angelegenheit von Gläubigen und Gottlosen. Aber hier, in dieser Stadt, im Herbst 1989, hat sich für diese gemeinsame Angelegenheit der Name Gethsemane eingeprägt – ironischerweise, denn anders als in jenem Jerusalemer Garten hörte man in den entscheidenden Stunden hier niemanden sagen: „Herr, lass diesen Kelch an mir vorübergehen!“

Schon während der ganzen 80er Jahre war die Gethsemane-Kirche im Stadtteil Prenzlauer Berg ein zentraler Sammelpunkt für Oppositionelle, für Umweltaktivisten und Selbsthilfegruppen. Ein weites Spektrum traf sich unter dem Dach dieser Gemeinde: überzeugte wie weniger überzeugte Christen, jugendliche Idealisten und diskriminierte Homosexuelle, Bohème-Atheisten, wie sie für diesen Stadtteil typisch waren. Wer immer den Mut besaß, dem DDR-Regime die Stirn zu bieten, hatte Zutritt. Im Herbst 1989 schließlich waren es Tausende aus diesem Spektrum, die hier zu Diskussionsveranstaltungen und Mahnwachen zusammen kamen. Und als am 7. Oktober, dem

40. Jahrestag der DDR-Staatsgründung, Demonstranten von wild gewordenen Volkspolizisten und Stasi-Einheiten in die Gethsemane-Kirche gejagt wurden, bekamen Hunderte zu spüren, dass die „Friedliche Revolution der Deutschen“ so gewaltfrei nun auch wiederum nicht war.

Berlins Gethsemane heißt also, und allein darauf kommt es hier an: Wen interessiert schon die Religionszugehörigkeit, wenn es gilt, eine Diktatur zu stürzen! Vor der Determinationskraft der Weltbild-Konflikte in zeitgeschichtlichen Grenzsituationen muss einem nicht bange sein. Das Engagement mag (unter anderem) religiös, weltanschaulich oder philosophisch motiviert sein, jederzeit und überall ist existentielles Handeln jenseits von Religion und Atheismus möglich. Man darf sich nur nicht von Neuen Atheisten und Semifundamentalisten verrückt machen lassen.

Geisterbahn

Berliner Freiheitssinn – eine Spurensuche

Wer sich fragt, ob es so etwas wie eine „Berliner Philosophie“ oder einen „Berliner Geist“ gibt, könnte auf den Gedanken kommen, hier Halt zu machen: Unter den Linden 6, Humboldt-Universität, vor rund zweihundert Jahren als Friedrich-Wilhelms-Universität gegründet. Es könnte ja sein, dass der geschichtsmächtige Weltgeist des größten Philosophen dieser Universität, Hegel, sich auch in Gestalt einer lokalen Spezialität ausgebreitet hat.

Zwischen den Brüdern Humboldt hindurch (Weltenforscher zur Rechten, Universitätsgründer zur Linken) wandelt man auf geweihtem Boden: 29 Nobelpreisträger verkehrten hier schon,

Humboldt-Universität. Foto: fotalia

vor allem Physiker, Chemiker, Mediziner. Unter ihnen auch einer, der allein schon wegen seines „German Professor Hairstyle“ Weltruhm erlangte, Albert Einstein.

„Berliner Geist? Berliner Philosophie?“ Man fragt sich durch und landet schließlich vor einem Bibliotheksregal, Standort CI 11005. Tatsächlich: „Berliner Geist – Eine Geschichte der Berliner Universitätsphilosophie bis 1946.“

Eine Fleißarbeit über Universitätsreformen und akademische Biographien, über professorale Hackordnungen und Berufungsintrigen – doch vom *Berliner* Geist nicht eine Silbe. Über zwei ehemalige Studenten dieser Universität, Marx und Engels, bekommt man zu lesen, sie seien nichts als „besonders vorlaute und mit ihrem Status als bloße Kritiker besonders unzufriedene Intellektuelle“. Aha.

Was immer man von solchen bösen Buben halten mag: Haben nicht gerade sie Berliner Gespenster gezeugt, die große Teile des Publikums noch heute in Angst und Schrecken versetzen können?

*

Machen wir es kurz: So wenig es eine Philosophie für Haribo-Lakritze oder Mercedes-Limousinen geben kann, so wenig gibt es eine „Berliner Philosophie". Je inflationärer das Etikett, umso geistloser das Resultat.

Sicherlich beginnt die Philosophie ihre Reflexion in der antiken *polis*, jedoch im Sinne von Stadt*staat*. Noch die heißeste Freiheitsrede, die Fichte in den Jahren der napoleonischen Besatzung – teils unter Lebensgefahr – vor seinen zahlreichen Berliner Zuhörern hielt, war zumindest an die „deutsche Nation" wenn nicht ans ganze Universum gerichtet. Und auch der vernunftgesteuerte, auf Freiheit zielende Weltprozess, den Hegels Berliner Studentenschaft stirnrunzelnd nachzuvollziehen versuchte, vollendet sich nicht als Metropolis oder Kommune, sondern in Gestalt des nachrevolutionären bürgerlichen Rechtsstaats. Selbstverständlich, der Deutsche Idealismus hat starke Impulse im Geistesleben dieser Stadt hinterlassen, eine Art Grundton. Zur besonderen Gestalt eines „Berliner Geistes" jedoch hat er es nicht gebracht.

Die Stadt, die urbane Gesellschaft der Moderne, ist kein Gegenstand der Philosophie, sondern der modernen Sozialwissenschaften. Mit Marx,

Reich, Weber, Simmel, Tönnies – um hier allein deutsche Wegbereiter mit Berliner Spuren zu nennen – wird ein raffiniertes Zusammenspiel von Ökonomie, Soziologie, Psychologie und Politikwissenschaft in Gang gesetzt, mit dem wir noch heute den Phänomenen und Gesetzmäßigkeiten des Großstadtlebens auf den Leib rücken.

Aber können diese Sozialwissenschaften auch so etwas wie einen spezifischen „Freiheitssinn" entschlüsseln? Sicherlich können sie differenzierte Milieustudien, Meinungsumfragen oder Langzeitstudien zu demokratischen Einstellungen und Wertbindungen abliefern. Doch selbst diese lassen uns ratlos zurück, wenn es gilt, so etwas wie einen *kulturellen Instinkt* zu begreifen, sich in existentiellen Situationen auf die Seite der Freiheit zu schlagen.

Oder genauer: „Freiheitssinn" steht hier für einen kulturell vermittelten Antrieb, der Menschen selbst in aussichtslosen Situationen und gegen übermächtige Gegner kämpfen lässt, handle es sich um einen preußischen Militärstaat oder um ein autoritäres Erziehungsmodell, um eine sexualfeindliche oder paternalistische Herrschaftsideologie, um eine faschistische oder kommunistische Diktatur. Wer im preußischen Berlin gegen

Pressezensur und für demokratisches Wahlrecht stritt, wer im nationalsozialistischen Berlin den Führermord plante oder Juden versteckte, wer im Nachkriegsberlin einen Fluchttunnel grub oder Grenzmauern zum Einsturz bringen wollte, war vom „Freiheitssinn“ erfüllt.

*

Jeder lernt schon auf der Schule: Freiheit ist Selbstzweck und kein Instrument zu anderen Zielen. Eben dies macht es möglich, hier allein vom „Freiheitssinn“ und nicht zugleich vom „Gerechtigkeitssinn“ zu sprechen, der in der Geschichte Berlins nicht minder wirksam war. Um jedoch einem liberalistischen Missverständnis vorzubeugen, sei ein kleiner Seitensprung erlaubt.

Die politische Philosophie der Neuzeit diskutiert seit Locke, Kant und Tocqueville das Verhältnis von Freiheit und Gleichheit äußerst kontrovers. Grob vereinfacht: Räumen der liberale Locke wie der konservative Tocqueville der Freiheit den Vorrang ein, entwickelt Kant Freiheit und Gleichheit als gleichberechtigte, sich wechselseitig bedingende Grundnormen des europäischen Verfassungsstaates. Frei und gleich sind wir für ihn als Vernunftwesen, die nach verallgemeinerbaren Maximen handeln. Wie unterschiedlich und kontrovers auch immer, seit Kant versucht die (ernst zu nehmende) politische Theorie, beide Normen in einer Weise zu balancieren, die ein Höchstmaß von individueller Autonomie und sozialer Gerechtigkeit ermöglicht.

Marx und andere frühe Sozialisten hatten über Kant hinaus die *materielle* Gleichheit als entscheidende Voraussetzung für „wirkliche Freiheit" begriffen, was dann bei ihren Nachfolgern in ein kommunistisches Gleichheitssystem ohne Freiheit umschlug. Kein noch so schöner Vorsatz – „Freiheit ist immer Freiheit der Andersdenkenden" (Rosa Luxemburg) – konnte diesen Umschlag rückgängig machen. Ein Gleichheitssystem, das – da es weder über politischen Pluralismus noch über ausreichende wirtschaftliche und soziale Differenzierungsantriebe verfügte – im „Systemvergleich" des 20. Jahrhunderts unterliegen musste.

Seitdem sich dieser Untergang abzeichnete, gewann die liberalistische Tradition und mit ihr die Abwertung von Gerechtigkeitsfragen erneut an Boden. Selbst die Konsequenz, dass heutige, ungezügelte Freiheitsansprüche im Umgang mit natürlichen Ressourcen die Existenzbedingungen zukünftiger Generationen zerstören, kann so manchen Liberalen kalt lassen. Sein großes Feindbild, die „Gutmenschen" kritisierend schrieb ein bekannter Berliner Liberalismus-Theoretiker vor einiger Zeit: „Mittlerweile benutzen sie sogar schon das Glück der Ungeborenen, um uns die Freiheit zu rauben." Was schert uns die Zukunft, Hauptsache frei. Amen.

*

Zurück zum „Freiheitssinn". Wie kommt ein philosophischer Grundton unter die Leut?

Zwischen Philosophie und Öffentlichkeit vermitteln seit über zweihundert Jahren vor allem drei Institutionen: Feuilleton, Salon und Literatur. In Deutschland kennt das Feuilleton etwa mit Heine und Börne im neunzehnten, mit Benjamin und Kracauer im zwanzigsten Jahrhundert herausragende Figuren, die mühelos eine Doppelrolle als Philosoph und Edelfeder spielen konnten. Auch diese vier haben in Berlin deutliche Fußabdrücke hinterlassen und klar gemacht, dass das Feuilleton mehr als nur ein bloßes Medium ist: Seine Reflexionen sind für Theorieverläufe nicht weniger entscheidend als das akademische Leben.

Doch ach, das Feuilleton ist von Natur aus narrativ, ironisch, es neigt zum Plauderton: Das Publikum will unterhalten sein, und das auch noch zurecht. Grundsätzlich besteht zwischen „tiefgründiger" Wissenschaft und „geistreichem" Feuilleton ein Spannungsverhältnis, das allerdings in den vergangenen Jahren zu einem deutsch-absurden Scharmützel ausgeweitet wurde, in dem sich die Kontrahenten als „Literaten" und „Spaßphilosophen" einerseits, als „Fachidioten" und „Philosophieprofessoren" andererseits beschimpfen und zu beleidigen glauben. Mein Ratschlag lautet: Einfach ignorieren!

Des weiteren die Salonkultur: In Berlin erlebte sie ihren Höhepunkt um 1800, vor allem in den Salons von Henriette Herz und Rahel Levin. Wenn es jemals Sinn machte, von einer „deutsch-jüdischen Kultur" zu sprechen, dann für die Kreise dieser beiden Jüdinnen, in denen Künstler und Literaten, Diplomaten und liberale Politiker, Philosophen und andere Gelehrte verkehrten. Beide Salons setzten fort, was eine Generation zuvor im Berliner Freundeskreis von Lessing, Mendelssohn und Nicolai, dem Zentrum der deutschen Aufklärung, seinen Ausgang nahm – und sich immer auch gegen einen „Antisemitismus von Aufklärern“, etwa den eines Georg Christoph Lichtenberg, zu erwehren hatte.

Die Salonkultur war während des Nationalsozialismus und in den Jahrzehnten der Westberliner Insellage erloschen. Wenn heute in Paris, Berlin und anderen Metropolen versucht wird, diese Tradition mit Debattierzirkeln und philosophischen Cafés neu zu beleben, wäre trotz aller Sympathie daran zu erinnern, dass wir uns im 21. Jahrhundert befinden: Die eigentlichen Äquivalente für Salon und Feuilleton heißen im Zeitalter elektronischer und digitaler Medien „Philosophisches Radio“ (WDR 5), „Philosophisches Quartett“ (ZDF) oder sind in den unzähligen philosophischen Chats und Foren des Internet zu finden.

*

Seinen wichtigsten Impuls erhielt der Berliner Freiheitssinn vom metropolitanen Avantgardismus. Dessen viele Facetten – Malerei, Musik, Film, Mode – und unterschiedlichen Verlaufsformen im 20. Jahrhundert außen vor gelassen, beschränken wir uns auf die Literatur zwischen dem Jahr 1900 und dem Untergang der Weimarer Republik.

Wie Wissenschaft ist auch Literatur Wahrheitssuche – allerdings mit einem Zauberkasten. Anders als im philosophischen und sozialwissenschaftlichen Mainstream, wo etwa metaphysische Bezüge und transzendentale Begriffe empirisch gedeutet und ersetzt wurden, kann sich Literatur von solchen Zwängen befreien. So wurde etwa Hegels „objektiver Geist" als „gesellschaftliche Praxis" bei Marx und Dewey geerdet; so wurden etwa Kants Erkenntnis-Aprioris als latente Strukturen des Bewusstseins bei Freud, des Kollektivbewusstseins Durkheim begriffen. Die Literatur ist von dieser Domestizierung, die dann im 20. Jahrhundert mit Frege und Wittgenstein auch noch begriffs- und sprachanalytisch zugespitzt wurde, befreit.

Ob als Verzaubern oder Entzaubern, als Fiktion oder Mythos, als experimentelles oder realistisches Erzählen: Literatur hat eine stärkere Wirkung auf die individuelle und kollektive Sinnsuche als Wissenschaft. Und seit sich in Film und Television die Macht des Wortes mit der Macht der bewegten Bilder paart, kann diese Wirkung extrem gesteigert werden.

Die kämpferische, provokante Art und Weise, in der gerade Berliner Literaten in dem genannten Zeitraum ihre Wahrheit unter die Leser brachten, ist bekannt: Das Spießertum und die Untertanenmentalität im Kaiserreich wie in der Weimarer Republik gnadenlos seziert; Charaktermasken aus Politik und Militär, aus Kirche und Kapital werden der Lächerlichkeit preisgegeben; die moralische wie sexuelle Bigotterie der höheren Gesellschaft wird ausgeleuchtet; nach anfänglicher Kriegseuphorie auch in Literatenkreisen verwandeln sich die Toten und Krüppel des Ersten Weltkriegs in pazifistische Pamphlete; Existenzen am Rande der Gesellschaft – Bettler, Prostituierte, Verbrecher – beherrschen die Szenerie, die Helden heißen „kleiner Mann". Humanistische Überlegenheitsphantasien werden demaskiert: „Die Krone der Schöpfung, das Schwein, der Mensch". Die Rohheit, die Hochgeschwindigkeit und Technisierung des urbanen Lebens wird geliebt und gehasst zugleich.

Döblin, Brecht, Benn, Lasker-Schüler, Heym, Zuckmayer, Fallada, Ossietzky, Tucholsky, Zweig, Feuchtwanger, Remarque, Ringelnatz, Kästner – ob mit expressionistischer, dadaistischer Verve oder in realistischem Stil, kein zweites Mal hat es in Berlin ein solches Ausmisten gesellschaftlicher Zwänge und Konventionen, ein solches

Freimachen fürs Neue gegeben. Und wo die literarischen Motive und Figuren sich cineastisch niederschlugen und in die viertausend Kinosäle Berlins hinein wandern konnten, infiltrierte der literarische Avantgardismus die Volkskultur der Berliner Schnauze.

*

Am 10. Mai 1933, auf dem Berliner Opernplatz, gingen die Bücher in Flammen auf – wo blieb der Freiheitssinn?

Offensichtlich war die Sehnsucht nach dem Führer oder aber die Angst vor seinen Folterknechten stärker. Jedenfalls sollten wir nicht vergessen, dass Hunderttausende von denen, die fünfzehn Jahre später, aus Anlass der Berlin-Blokkade, Ernst Reuters große Freiheitsrede bejubelten („Ihr Völker dieser Welt, schaut auf diese Stadt"), sich in den Jahren der Diktatur nicht gerade als Widerstandskämpfer ausgezeichnet hatten. Dass Westberlin nach dem Zweiten Weltkrieg rund um den Globus als „Freie Stadt" mit „freien Wahlen", mit „freier Presse", mit „Freier Universität", mit „Freiem Sender Berlin" und so weiter glänzen konnte – ein Freiheitsmythos, von dem die Stadt noch heute zehrt –, war nur zum geringeren Teil ein Verdienst seiner Bewohner, in erster Linie ein Geschenk der westlichen Alliierten.

Freiheitssinn ist also keine Kollektiveigenschaft, ist ebenso wenig eine Überzeugung, die man bequem im Links/Rechts-Schema politischer Parteien verorten könnte. Und erst recht handelt es sich um keinen Wesenszug, der seinen Träger unbedingt in eine heroische Lichtgestalt verwandeln müsste. An zwei repräsentativen, konträren Figuren der Berliner Nachkriegsgeschichte sei dies verdeutlicht.

*

Axel Springer brachte 1952 BILD heraus, durch emotionalisierte und personalisierte Berichterstattung binnen weniger Jahre die auflagenstärkste Tageszeitung Europas. Einerseits spiegelte sich in diesem Blatt das kleinbürgerliche Ressentiment auf alles Langhaarige und Freizügige der 68er-Generation. Durch aufpeitschende Berichterstattung trug dieses Blatt darüber hinaus eine Mitschuld an gewaltsamen Übergriffen gegen Menschen, die am 2. Juni 1967, dem Todestag des Studenten Benno Ohnesorg, friedlich gegen den Schah-Besuch in Berlin demonstrierten. „Helft der Polizei, die Störer zu finden und auszuschalten“, forderte BILD seine Leser auf.

Andererseits ist nicht zu bestreiten, dass Springers Blatt wie nur wenige andere Stimmen den Gedanken an eine deutsche Wiedervereinigung in Freiheit wach gehalten hat. Und fest steht auch, dass Axel Springer, gegen rechte wie linke Anfeindungen, die deutsche Mitverantwortung für den Nahost-Konflikt und die Solidarität mit Israel zu seinem persönlichen Anliegen machte.

Rudi Dutschke, Wortführer der Berliner Studentenschaft, war der Antipode zu Springer. Trotz religiöser, existentialistischer und antiautoritärer Einflüsse sind viele seiner Schriften und Reden von marxistischer Orthodoxie geprägt. Und obwohl ein Kritiker des Terrorismus der 70er Jahre, musste er später selber zugeben, dass sein „Holger, der Kampf geht weiter“ am Grab des RAF-Mitglieds Holger Meins „nicht angemessen reflektiert“ war. Wir wissen, eine Chance zur intellektuellen Fortentwicklung bekam er, selber ein Opfer des Fanatismus jener Jahre, nicht wirklich.

Gleichzeitig steht die Legitimität der studentischen Vietnamproteste außer Frage, für die Dutschke und seine Generation ebenso steht wie für sexuelle und gesellschaftliche Liberalisierung, für Paternalismus- und Faschismuskritik. Wenn die Bundesrepublik sich später, etwa beim Nein zu einer Beteiligung am Irakkrieg, einen freien, souveränen Umgang mit den „amerikanischen Freunden" erlauben konnte, dann auch aufgrund der berechtigten 68er-Kritik an deren Kriegsführung in Südostasien. Atlantische Partnerschaft war von da an kein Freibrief mehr. Mit „Antiamerikanismus" hatte diese Kritik schon deswegen nichts zu tun, weil eine gewaltige Friedensbewegung in den Vereinigten Staaten nichts anderes tat.

Kurzum: Springer und Dutschke, obwohl Antipoden, Freiheitssinn haben sie beide bewiesen. Wer makellose Helden braucht, muss ins Kino gehen, im wirklichen Leben gibt es sie nicht. Wir Heutigen wandeln auf einem Pfad, den gesellschaftliche Strömungen, für die diese beiden Persönlichkeiten hier stellvertretend skizziert wurden, ungewollt zusammen gelichtet haben: ein wiedervereintes und souveränes Deutschland.

Hegel hätte dieses merkwürdige, unfreiwillige Zusammenwirken als „List der Vernunft" erklärt. Das ist zwar verdammt metaphysisch, aber irgendwie wahr.

Blondinen in der Statistik

Pikant. Ein älterer Herr sitzt mit einer deutlich jüngeren Blondine auf einer Parkbank im Tiergarten. Er zählt sein Bares, sie träumt in der Sonne so vor sich hin. Beiden im Ohr das Hintergrundrauschen Berlins: dichter Autoverkehr, ein Entsorgungsfahrzeug der Stadtreinigung saugt Hundescheiße vom Gehweg.

Die Welt ist dualistisch: Mann/Frau, alt/jung, rechnen/träumen, Parkbank/ hektisches Stadtleben. Wenn wir jetzt noch zusätzlich nach schön/ hässlich und gut/böse unterscheiden, könnte diese Geschichte schnell anders als gedacht verlaufen. Denn die junge Blondine könnte hässlich sein, der ältere Herr hingegen attraktiv. Und er muss nicht unbedingt an die Bezahlung einer sexuellen Dienstleistung denken, es könnte ja auch eine großzügige Spende an die Herz-Jesu-Gemeinde sein, die er erwägt, derweil sie – vielleicht als seine Gattin, die sich um den versprochenen Kauf neuer High Heels betrogen fühlt – von einem bösen Mordkomplott träumt …

Nun ja, wir wissen es nicht, klar wird höchstens, wie leicht dual aufgebaute Geschichten ma-

Foto: bigstock

nipuliert werden können.

Ganz anders, eindeutiger scheint es um den großstädtischen Dualismus zu stehen, der diese Szene prägt. Denn zur sonnenbeschienenen Parkbank (positiv) zieht es uns hin, in die Hintergrundhektik des städtischen Alltags (negativ) müssen wir notgedrungen zurück. Hier lässt es sich locker über das Leben philosophieren (positiv), dort mühsames Geldverdienen, Abhetzen, Krach (negativ).

Ein jeder kennt Orte – „Oasen", „Inseln" –, an denen man diesen realen Dualismus spürt, es muss nicht unbedingt eine Parkbank sein. Biergärten, Cafés, Promenaden, Konzertsäle, Museen oder Galerien tun es auch, ja selbst ein Sommerabend auf dem eigenen Balkon zählt dazu. Die

Summe und die Beschaffenheit solcher Orte, an denen wir über Gott und die Welt nachdenken oder uns dummes Zeug über Blondinen und ältere Herren erzählen können, zählen für den Statistiker genauso zur „Lebensqualität“ einer Stadt wie Verdienstmöglichkeiten oder eine funktionierende Müllabfuhr. Und genau dies erklärt, warum Berlin in den einschlägigen Vergleichsanalysen von Metropolen relativ gut dasteht. Ginge es allein um ausreichende Job-Angebote oder um eine funktionierende S-Bahn zum Beispiel, rutschte Berlin schnell unter ferner liefen.

Manipulation also wohin man schaut: Blondinen frisieren Berlins Statistik. Absurd. Genau.

Visionen einer Weltstadt

„Kreativ & kulturell“ in die Zukunft?

Vor zwanzig Jahren, im Freudentaumel der Wiedervereinigung, fiel es nur wenigen Beobachtern auf: Um ein Haar hätten sich die Deutschen aus der Galerie großer Metropolen verabschiedet.

Am 20. Juni 1991 entschied der Deutsche Bundestag mit knapper Mehrheit (337 zu 320 Stimmen), dass Berlin nicht nur das Namensschild „Hauptstadt“ erhalten, sondern auch zum Sitz von Regierung und Parlament werden sollte. Nur wenige Stimmen hatten gefehlt, und die einzige Weltstadt, über die Deutschland verfügt, wäre im Lauf der Jahrzehnte unter dem Sand der Mark Brandenburg verschwunden.

Sicherlich, seinen Reichtum hatte Berlin schon früher verloren: Die jüdische und kritische Intelligenz ermordet oder vertrieben, die alteuropäische Urbanität unter alliierten Bombenteppichen zermalmt. Industrie und Banken, Verlage und Versicherungen flüchteten nach dem Zweiten Weltkrieg Richtung München, Frankfurt oder Hamburg. Weder die Subventionswirtschaft im Westen noch die Planwirtschaft im Osten der

Foto: fotalia

Stadt konnte dieses fette Minus auch nur annähernd ausgleichen.

In erster Linie war es der Prozess der Hauptstadtverlagerung, der Berlin in den vergangenen zwanzig Jahren intellektuell und medial, investiv und städtebaulich an aktuelle Mindeststandards von Metropolen heranführen konnte. Hinter Regierung und Parlament zog einer langer, breiter Tross an die Spree: administrative Apparate, Politikberatung und diplomatisches Corps, der nationale und internationale Medienzirkus, Landesvertretungen, Verbandswesen und Lobbyismus, gastronomische Kohorten, Me-too-Repräsentanzen der westdeutschen High Society.

Auf einmal waren es nicht mehr allein die historischen, positiven wie negativen Bilder und Mythen, die den Begriff „Weltstadt Berlin" noch bis zum heutigen Tag ausfüllen und rechtfertigen: knobelbechernde Preußenmetropole, Zentrum der deutschen Aufklärung und des Deutschen Idealismus, Geburtsstätte der modernen Physik, Labor und Werkstatt der elektroindustriellen Revolution, Nobelpreisschmiede Charité, insgeheimes Zentrum der internationalen Arbeiterbewegung über viele Jahrzehnte, Geburtsort der Klassischen Moderne, Hitlers Germania, freie

Frontstadt im Kalten Krieg, schließlich friedliche Revolution, Mauerfall und Freudentränen vor dem Brandenburger Tor.

Plötzlich, mit der essentiellen Schubkraft der Hauptstadtverlagerung, kamen neue Impulse und neue Visionen ins Spiel, welche die Hoffnung nährten, dass Berlin auch in Zukunft wieder zu metropolitanen Spitzenleistungen fähig sein könnte. Vor allem zwei Schlüsselbegriffe, „Kulturmetropole" und „Kreativwirtschaft", beherrschen seitdem die Debatten über die Zielrichtung Berlins. Zuweilen klingt es, als sei der strategische Sprachschatz führender Politiker dieser Stadt auf zwei Worte zusammengeschrumpft: „kreativ & kulturell". Sieht so Berlins Weg in die Zukunft aus?

*

Nicht jede Vision ist eine Erleuchtung, bunte Luftballons mit Parteisignet, substanzlose Marketing-Kampagnen wie „Sei Berlin!" zum Beispiel. Sozialwissenschaftler haben sich für solche Visionen zu interessieren, die zumindest auf latente gesellschaftliche Strukturen und Potentiale verweisen. Gehen wir im Folgenden einige bekannte Konzepte durch, die in den vergangenen Jahren auf dem internationalen Transfermarkt für „strategische Stadtentwicklung“ gehandelt wurden.

Global City – Bekanntlich lebt mittlerweile über die Hälfte der Weltbevölkerung in Städten, vor allem die Megastädte in den Entwicklungs- und Schwellenländern Asiens, Afrikas und Lateinamerikas platzen aus allen Nähten. Und so hat sich längst herumgesprochen: Die Zukunft der Menschheit entscheidet sich in Städten.

Der Begriff „Global City“ beschränkt sich freilich auf einen äußerst kleinen Kreis von Metropolen, aus denen heraus globale Wirtschaftsprozesse gesteuert und kontrolliert werden – sofern sie sich überhaupt steuern und kontrollieren lassen. Transnational operierende Finanz- und Dienstleistungszentren wie New York, Tokio oder London werden hier meist genannt, aber auch kleinere Städte wie Frankfurt oder Zürich können aufgrund ihrer Bankenkonzentration zu diesem Kreis gezählt werden.

Zwar ist die Bundesregierung als Repräsentantin der stärksten Wirtschaftsnation innerhalb der Europäischen Union jederzeit in der Lage, ihren wirtschafts- und finanzpolitischen Einfluss geltend zu machen, aber dies verwandelt Berlin selbstverständlich in keine „Global City“ im engen Sinne des Begriffs. Gott sei Dank, möchte man hinzufügen, denn die Bankenkrise von 2008/2009 hat etwa für London offen gelegt, welche Depression aus einer dominanten städtischen Wirtschaftsstruktur entspringen kann, die aus hochwertigen Finanzdienstleistungen einerseits und einfachsten Handlangerdiensten (Reinigungskräfte, Kuriere, Sicherheitspersonal) andererseits besteht.

Urban Geopolitics – In allen Geschichtsepochen haben sich Städte durch gewinnbringende geopolitische Funktionen ausgezeichnet – oder zumindest versucht, sich so zu definieren. Heute ist es nicht anders: Wie Istanbul eine Rolle als Drehscheibe zwischen Europa und Asien zugeschrieben wird, versteht sich Rotterdam als maritim-kontinentaler Umschlagplatz Westeuropas.

Nach dem Fall der Mauer sahen sich bekanntlich auch Berliner Geschäftsleute und Lokalpolitiker in einer lukrativen „Mittlerfunktion“. Man begriff sich als „Drehscheibe zwischen Ost- und Westeuropa“. Merkwürdig war allerdings sofort, dass sich von Warschau über Prag, Budapest, Wien bis Triest weitere Kandidaten lautstark für eben diese Rolle bewarben.

Was Berlin angeht, spielten die Osteuropäer nicht mit. Meist lernten sie nicht Deutsch, sondern Englisch. Meist flogen sie über die Stadt hinweg. Meist fuhren sie mit ihren Lastzügen um die Stadt herum nach Westen. Auf der Gegenspur sah es nicht anders aus. Auch die westdeutschen, westeuropäischen Unternehmen sahen nicht ein, warum sie Berlin zuliebe eine Zwischenlandung einlegen oder hier einen Umschlagplatz einrichten sollten.

Zwar steht außer Frage, dass Berlin in den kommenden Jahren von einem erstarkenden Mittel- und Osteuropa profitieren kann. Wer aber und wo immer in der dicht vernetzten Welt des 21. Jahrhunderts von einer geopolitischen Funktion an einer neuen „Seidenstraße" träumt, wird schnell aus dem Schlaf gerissen werden.

Creative City – Dieses Konzept wird gegenwärtig von den Stadtentwicklungsplanern in aller Welt favorisiert. Es ruht auf zwei Säulen. Zum einen haben Wissensökonomie und digitale Revolution die Berufsstrukturen derart verändert und die Standortfrage dermaßen flexibilisiert, dass neue Karrieren und Firmengründungen auch abseits von etablierten Industrieregionen möglich sind. In Berlin kann man dies etwa anhand zahlreicher mittelständischer Unternehmen der Software-Produktion und Biotechnologie bestätigen.

Zum anderen hat dieses Konzept eine aufwendige kulturelle und kulturpolitische Dimension. Top-Level-Position für klassische Hochkultur wie populäre Eventkultur, Förderung des urbanen Lebens in Stadtteilen wie im Stadtzentrum, Rekonstruktion historischer Gebäude wie postmoderne Bauvorhaben im großen Stil, ausdifferenzierte Sportangebote und großzügige Park- und Freizeitanlagen: Alle Städte versuchen, mit solchen kulturellen und städtebaulichen Offerten größtmögliche Teile der „kreativen Klasse" an sich zu binden. Eine mobile und rasant expandierende Mittelschicht, die natürlich weit über traditionelle Künstler- und Kulturberufe hinaus reicht und Selbständige, Kleinunternehmer wie Angestellte aus Buch- und Musikverlagen, aus Werbe- oder Beratungsagenturen, aus ingenieur- und naturwissenschaftlichen Einrichtungen aller Art umfasst.

Die eigentliche Pointe dieses Konzepts liegt in der Annahme, dass die Eigendynamik der „Kreativwirtschaft" zum tragenden Fundament der gesamten Stadtökonomie werden soll – und genau hier ist, jedenfalls für die große Mehrheit der an diesem Spiel beteiligten Städte, ein Scheitern des Konzepts einprogrammiert. Weil weltweit alle Metropolen – bis hin zu kleinen Provinzmetropolen – in diesem Wettbewerb mitspielen und die kreative Klasse per definitionem *mobil* ist, werden die Preise, welche die Städte für eine solche Entwicklung zu bezahlen haben, genauso rasch steigen wie ihre Einnahmen aus der Kreativwirtschaft. Außerdem zeigen verschiedene Untersuchungen, dass ein Großteil der kreativen Berufe „industrienahe" Dienstleistungen im direkten Kontakt zu erbringen hat, Städte mit schwacher industrieller Basis in diesem Wettbewerb also deutliche Nachteile in Kauf nehmen müssen. Auch dafür ließen sich Berliner Beispiele nennen, etwa ein Manko bei größeren Unternehmen in den Bereichen Werbewirtschaft oder Embedded Systems, eins der wenigen Paradefelder der deutschen IT-Wirtschaft.

Diversity City – In Deutschland sprach man von „Multikulti-Metropolen", was bekanntlich aus der Mode gekommen ist. Um ein städtisches Wachstumskonzept handelte es sich ohnehin nie, meist ging es um Integrations- und Einwanderungspolitik.

Wer Weltkonzerne und globale Wachstumsmärkte nicht allein aus dem Wirtschaftsteil von Zeitungen kennt, der wundert sich dann allerdings doch über die Naivität, mit der hierzulande Multikulti als „total gescheitert“ erklärt wird. Multikulturalismus ist (unter anderem) eine elementare Voraussetzung dafür, dass sich große Exportnationen, dass sich Konzerne wie mittelständische Weltmarktführer auf der Erfolgsspur halten können.

Ob Produkt- oder Personalplanung, ob Marketing oder Unternehmenskommunikation: In der globalen Ökonomie wird ausnahmslos jeder Unternehmensbereich auch unter multikulturellen Diversity-Gesichtspunkten durchbuchstabiert. Treffen sich Mitarbeiter eines Global Player irgendwo auf der Welt, hören wir mindestens so viele Sprachen und sehen wir mindestens so viele Hautfarben wie in Neuköllner oder Kreuzberger Kneipen.

Statt sich auf weltfremde Debatten über diesen Leitbegriff einzulassen, sollte sich Berlin als Zentrum für polyglotte und multikulturelle Bildungsinstitutionen, als Zentrum für internationale und multikulturelle Forschungsprojekte etablieren – da hätte die Stadt der deutschen Wirtschaft wieder etwas zu bieten!

Sustainable City – Was in den 80er Jahren unter Titeln wie „Bicycle City“, „Healthy City“ oder „Ecocity“ vor allem eine Arena für studentisch geprägte Klein- und Mittelstädte war, ist mittlerweile in den Planungsbüros aller Großstädte angelangt. Der globale Wettbewerb, wie eine metropolitane Antwort auf die ökologische Krise aussehen könnte, ist eröffnet.

Dabei wird es nicht allein um die üblichen Verdächtigen für mehr Nachhaltigkeit gehen – Energie- und Abfallwirtschaft, Raumplanung, Verkehrssysteme und so weiter. Weil sich die Zukunft der Menschheit tatsächlich in Städten entscheidet, führt kein Weg um eine ökologische Rekonstruktion *aller* städtischen Lebensbereiche herum.

Dies gilt nicht zuletzt für die Technologie- und Industriepolitik in Metropolen, die sich immer stärker auf den expandierenden „Green-Tech-Global-Market“ ausrichten wird. Gerade für eine industriell geschwächte, in Sachen technologischer Forschung aber durchaus potente Stadt wie Berlin ist dies von besonderer Bedeutung. Ökologische Materialforschung, Solartechnologie, Elektro- und Wasserstoffmobilität, Digitalisierung bürokratischer und industrieller Prozesse – hier spielt die Musik.

Electronic City – Als vor rund zwanzig Jahren im indischen Bangalore das Konzept „The Electronics City" entworfen wurde, träumten bald alle Bürgermeister davon, ein neues Silicon Valley aus dem Boden zu stampfen. Die Träume zerplatzten (selbst Bangalore hat es nur zur Outsourcing-Metropole gebracht) – und dennoch wird die digitale Revolution das gesamte Stadtleben umkrempeln.

Neue digitale Informations-, Steuerungs- und Kollaborationstechnologien werden Verwaltungsapparate, Verkehrsströme, Stadtteil- und Gebäudemanagement rationalisieren und intelligenter gestalten helfen. Lokale Unternehmen oder Bürgerinitiativen werden immer häufiger – ganz nach dem Motto „Broadcast Yourself" – via Web-TV für ihre Anliegen werben. Repräsentative Ad-hoc-Umfragen per Handy und Internet werden den kommunalpolitischen Handlungsdruck deutlich erhöhen. Und wie sich jeder einzelne Netzteilnehmer um seine digitale Identität und Online-

Sicherheit kümmern muss, so wird sich auch die digitale Identität von Metropolen und ihre kollektive Netzsicherheit in ein kontinuierliches, ressortfüllendes Arbeitsprogramm verwandeln.

*

Man könnte diesen bunten Reigen sicherlich um einige weitere Visionen ergänzen, „Wissenschaftsmetropole",„Modell Las Vegas" und so weiter. Was wir uns ersparen, denn das Bisherige reicht aus, um eine verbreitete Fehleinschätzung der „strategischen Stadtentwicklung" aufs Korn zu nehmen.

Ein Berliner Beispiel aus jüngster Zeit: Volker Hassemer, ehemaliger Senator für Stadtentwicklung und kulturelle Angelegenheiten – und ohne Frage einer der reflektiertesten seiner Zunft –, fordert uns in seiner jüngsten Streitschrift „Wozu Berlin?" auf, „nach möglichen Alleinstellungen zu suchen" und die zukünftige Entwicklung Berlins auf wenige, genauer gesagt: „auf vier Schwerpunkte zu konzentrieren". Seine vier Schlüsselbegriffe lauten Kultur, Stadtqualität, Kreativität, Internationalität, und es ist unschwer zu erkennen, wie sehr diese Schrift von der Vision *Creative City* geprägt ist.

Weltstädte wie Berlin, selbst wenn sie – was ohnehin immer seltener vorkommt – über „Alleinstellungsmerkmale“ verfügen, würden sich selber aus der nationalen wie aus der internationalen Städtekonkurrenz herauskatapultieren, wenn sie sich allein auf diese Merkmale und wenige Entwicklungsschwerpunkte konzentrieren. Selbst in Situationen knapper Finanzmittel gilt: Ökologische Technologie- und Industriepolitik, kommunale Nachhaltigkeitskonzepte, regionale (hier: mitteleuropäische) Verankerung, Nutzung digitaler Rationalisierungsressourcen – all das zählt genauso zu den strategischen Herausforderungen und wirtschaftlichen Schlüsselfaktoren von Metropolen wie Kultur und Kreativwirtschaft. Berlin kann und darf da keine Ausnahme machen.

Politische Visionen und Stadtentwicklungskonzepte wandern heute über Nacht von einem Ort zum nächsten. Wer hier als Bürgermeister, Investor oder Arbeitssuchender vorrangig auf Alleinstellungsmerkmale oder lokale Besonderheiten setzt, darf sich nicht wundern, wenn am nächsten Tag in der Nachbarstadt oder auf der anderen Seite des Globus das Gleiche realisiert wird und kein Markenschutz greift.

Anders als in der griechischen Antike, wo Städte als Metropolen galten, wenn sie anderswo Kolonien gründeten, geht es im 21. Jahrhundert um verallgemeinerbare metropolitane Lernprozesse. Man kann diesen Vorgang in der Verkehrssprache der Globalisierung als „Metropolitan Transfer" bezeichnen. Allerdings ist dieses *transferre*, dieses Hinüberbringen, nicht mit einem sturen Reproduzieren von Experimenten und Ergebnissen zu verwechseln. Zu denken wäre hier eher an den Transferbegriff aus der Lernpsychologie: Aufgaben oder Anwendungen, die man selber erlernt hat oder von anderen übernommen und erfolgreich nachvollzogen hat, sind auf eine höhere Lernebene zu übertragen.

Gefragt sind intellektuelle Klimmzüge, die ein wirtschaftliches Auskommen sichern und einem freien, kulturell erfüllten Stadtleben dienen. Um diese Anstrengung kommt auch Berlin nicht herum.

Originalausgabe
Erste Auflage 2011

ISBN 978-3-942933-00-1

 Metropolitan Transfer
Verlag Dr. Norbert Kostede
Paderborner Straße 7
10709 Berlin/Deutschland

Anfragen:
Fax: +49 3212 1329 948
info@metropolitan-transfer.com

Ab Oktober 2011 Informationen über weitere Veröffentlichungen des Verlags auf:
www.metropolitan-transfer.com

Druck und Bindung: MercedesDruck, Berlin